W9-ATA-372

D-TROIS-PIERRES

QUAND LES AGIRS PARLENT PLUS FORT QUE LES DIRES

D-TROIS-PIERRES

D-TROIS-PIERRES

Quand les agirs parlent
plus fort que les dires

Crédits photographiques

Michel Désilets   p. 67, 69, 79 ;

Paul-É. Jean   p. 35, 45, 46, 55, 57, 58, 64, 65, 66, 71, 80, 81, 82, 83, 89, 90, 91, 92, 93 et photographie de la page couverture ;

Réjean Meloche   p. 20, 21 ;

Corporation
D-Trois-Pierres   p. 33, 34, 44, 47, 54, 56, 70, 73, 75, 100, 101.

Catalogage avant publication de Bibliothèque et Archives Canada

Vedette principale au titre :

D-Trois-Pierres : quand les agirs parlent plus fort que les dires

Doit être acc. d'un disque optique d'ordinateur.

ISBN 2-7621-2670-3

1. D-Trois-Pierres (Organisation) – Histoire.
2. Jeunes en difficulté – Intégration – Québec (Province).
3. Entreprises d'insertion – Québec (Province) – Histoire.

HV1441.C32Q8 2005   362.74'84'09714   C2005-941606-8

Dépôt légal : 3ᵉ trimestre 2005
Bibliothèque nationale du Québec
© Éditions Fides, 2005

Les Éditions Fides remercient de leur soutien financier le ministère du Patrimoine canadien, le Conseil des Arts du Canada et la Société de développement des entreprises culturelles du Québec (SODEC).

Les Éditions Fides bénéficient du Programme de crédit d'impôt pour l'édition de livres du Gouvernement du Québec, géré par la SODEC.

IMPRIMÉ AU CANADA EN SEPTEMBRE 2005

Introduction

CETTE HISTOIRE est celle de la formation d'une collectivité dénommée D-Trois-Pierres, telle que vécue, pensée, critiquée et rêvée par ceux qu'elle a accueilli, qui y ont œuvré, qui l'ont accompagnée, dirigée et gérée. Voici une production qui, cherchant à mettre en culture une initiative collective issue de la société civile en répondant aux préoccupations et interrogations de divers publics de lecteurs, se compose de deux parties distinctes :

D'abord, **un livre-mémoire illustré** qui, à la façon d'un album de famille, fait en témoignages et en images (photos de Paul-É. Jean, Michel Désilets, Réjean Meloche et de la Corporation) le portrait d'ensemble de D-Trois-Pierres : les visages de jeunes adultes, d'intervenants, de gestionnaires, de bénévoles et de partenaires ; des personnes concrètes, dans l'action, saisies aux différents moments, aux différentes saisons de vingt années d'ouvrage dans les lieux familiers du Cap-Saint-Jacques, de Boscoville, de Saint-Paul de Joliette et de Nominingue. Un livre illustré pour faire mémoire, se donner une mémoire commune d'un projet et de sa mission.

D'autre part, le lecteur trouvera inséré en fin de volume **un cédérom** qui comprend :

■ L'intégralité de l'ouvrage dont est extrait le livre que vous tenez entre vos mains, avec une structure divisée en quatre phases historiques qui décrivent avec plus de détails l'évolution des pratiques de D-Trois-Pierrres et permettent d'approfondir la connaissance des forces et des valeurs qui ont été et sont toujours les vecteurs et le

9

sens de notre activité. Bref, un document d'histoire, d'analyse et d'interprétation qui comprend aussi des récits autobiographiques et des essais de jeunes adultes et s'achève sur une description de la démarche méthodologique, avec une bibliographie complète ainsi que l'ensemble des postfaces non-abrégées, signées par une dizaine de chercheurs, intervenants et praticiens du Québec, de France et du Brésil.

■ Un diaporama photographique de D-Trois-Pierres, accompagné d'extraits musicaux (musiques de Fernando Séguel, photos et montage de Paul-É. Jean).

■ La version intégrale des chansons du cédérom, écrites et interprétées par Yves LaRochelle[†] et par Fernando Séguel.

Cette réalisation composite est la présentation d'une nouvelle collectivité qui, elle-même hybride, provient du croisement de divers groupes d'acteurs : les jeunes adultes considérés comme travailleurs salariés en formation, les membres du Conseil d'administration, les coordonnateurs, intervenants et formateurs techniques spécialisés, les bénévoles, les partenaires, dont la CUM (puis la Ville de Montréal), les gouvernements provincial et fédéral, la Fondation Richelieu, Boscoville 2000, le Collectif des entreprises d'insertion, et enfin les Sœurs de Sainte-Croix, qui sont les fondatrices de D-Trois-Pierres. Cet agrégat de compétences, d'intérêts et de points de vues crée un nouvel espace économique et social, celui d'un « vivre ensemble » fondé sur les valeurs d'intériorité, d'écologie et de lien social réciproque.

De même qu'il y a des voix de soprano, d'alto, de ténor et de basse qui participent toutes à un même chant choral, de même plus d'une centaine de voix, par-delà les distinctions de statut, de rôle, de responsabilité, de niveau d'études et d'appartenance sociale, sont les chercheurs-auteurs de cette production d'une histoire commune et d'une historicité personnelle.

RACHEL JETTÉ, C.S.C

DENISE AUDET, DENIS AUGER, JEAN-PIERRE AUGER, MICHEL BÉLAIR, STÉPHANIE BISSONNETTE, MICHELINE BOILEAU, JACQUELINE BRODBECK, NICOLAS BRODBECK, ALAIN BRULOTTE, CAROLINE CHARTRAND, JEAN-EUDES CHOUINARD, NANOUK CONAN, FÉLIX-ANTOINE CÔTÉ-TRUDEL, VÉRA DANYLUK, GILLES DESJARDINS, RÉJEAN DESJARDINS, GÉRARD DIVAY, JOSEPH-FERNAND DUBÉ, PIERRE DUMAS, STÉPHANE GOSSELIN, JACQUES GRÉGOIRE, JACQUES-ERROL GUÉRIN, PAUL-E. JEAN, JACQUELINE JÉHODA, RACHEL JETTÉ, SIMON-PIERRE LACERTE, PIERRE LAJEUNESSE, YVES LAMOUREUX, SÉBASTIEN LANDRY, MONIQUE LAROCHE, PIERRETTE LAVERDURE, CAROLINE LEBLANC, LISE LEBRUN, JOCELYN LEFORT, ANNETTE LEGAULT, ISABELLE LEROUX, ALAIN LESSARD, LINDA MALO, FRANCE MARTIN, DIANA MARTINEZ, NORMAND MATHIEU, CHARLES MILOT, JULIE MONETTE, PIERRETTE OUELLETTE, ANDRÉE PAINCHAUD, DENIS PRESCOTT, LUC RAPHAËL, CHRISTIAN RICHARD, STÉPHANE RIVARD, GHISLAINE ROQUET, BENJAMIN ROTHKRUG, FERNANDO SEGUEL, KHAO SISAVATH, MICHÈLE THEMENS, MARIETTE THIBODEAU, MY KHANH TRINK, ANDRÉ TRUDEL, ANDRÉ VIDRICAIRE, MYLÈNE VIOLETTE.

HISTORIQUE

1 Premier pas : Une maisonnée familiale et sa pratique sociospirituelle 1985-1990

DEPUIS 1847, la Congrégation de Sainte-Croix, communauté d'hommes et de femmes, se voue à l'éducation de la jeunesse québécoise. À la suite du rapport de la Commission Parent (1963), où siégeait sœur Ghislaine Roquet c.s.c., les Sœurs de Sainte-Croix ont fait le choix de céder leurs maisons d'enseignement au secteur public et leurs membres se sont engagés dans l'enseignement à titre personnel.

Avec la laïcisation de la société québécoise et dans le contexte de Vatican II, les congrégations religieuses doivent se redéfinir. Lors du Chapitre général de 1985, les déléguées privilégient l'option pour les pauvres dans la ligne de la Théologie de la libération. Le charisme d'*éducation*, fondement de la mission des Sœurs de Sainte-Croix, devient l'*éducation libératrice*. Les religieuses, en tant que citoyennes, chrétiennes et femmes consacrées, entrent dans la mouvance de la société et de l'Église : travailler à ce qu'il y ait plus de justice dans le monde, faire reculer la pauvreté, accompagner et aider toute personne en recherche de bien-être physique, psychologique et spirituel.

Les années 1981-1983 sont une période de récession économique. Le chômage est croissant et persistant, et 23 % des jeunes de 15 à 24 ans sont sans emploi. Le défraiement de l'aide sociale coûte très cher. Québec remet en question l'universalité des programmes sociaux. Les groupes communautaires sont utilisés comme ressources pour aider à l'intégration et à l'insertion sur le marché du travail de façon efficace et moins coûteuse.

Le dernier dimanche de mai 1984, lors de « La nuit de l'espoir » de l'Oratoire Saint-Joseph, des jeunes sont invités par l'expression artistique et les échanges à chercher une voie qui répondrait à leurs besoins. Eux de dire : « *Descendez de la montagne. Quittez cet espace clérical pour aller vivre et partager les conditions réelles des jeunes adultes.* » S'amorce une recherche sur les besoins des jeunes de 18 à 30 ans, qui n'ont pas la parité de l'aide sociale, et sur les services offerts par les communautés religieuses. À l'été 1985, les Pères de Sainte-Croix ouvrent « *Réseau Contact* », pour rejoindre les jeunes qui vivent massivement sur le Plateau Mont-Royal ; les Frères de Sainte-Croix fondent « l'Escalier Bleu », et le « projet l'Ermitage » des Sœurs de Sainte-Croix est en marche.

Pierrette Laverdure doit en effet confier à une religieuse l'élaboration et la réalisation d'un « projet de jeunes » à l'Ermitage de Pierrefonds. Les circonstances lui font rencontrer sœur Rachel Jetté, c.s.c. Les manchettes des journaux parlent de « 15 000 jeunes dans la rue » : il y a urgence. Premiers témoins de l'élaboration du projet, mesdames Gaétane Poulin et Thérèse Deslauriers font alors équipe avec Rachel Jetté.

Rachel Jetté contacte le Bureau de Consultation Jeunesse du Montréal métropolitain. Elle y rencontre M. Michel Blais, qui a des réserves à l'idée de déraciner les jeunes de la ville pour les envoyer dans l'Ouest de l'Île, sauf s'ils y travaillent. Fille de cultivateur, elle imagine déjà que le grand terrain de Pierrefonds pourrait être l'endroit idéal pour faire une expérience réelle et significative de travail au jardin. Les produits du jardin pourraient devenir une source d'approvisionnement, et donner lieu à un atelier de cuisine. Et… si c'était une vraie ferme autosuffisante ? L'approche globale est cohérente, car il s'agit d'offrir une occupation dans des ateliers de travail qui soit une réponse aux besoins fondamentaux de l'être humain : se nourrir et se loger, tout en répondant au désir d'être accueilli, reconnu, aimé. Se fondant sur cette esquisse approuvée par les Sœurs de Sainte-Croix, Michel Blais accompagnera Rachel Jetté pendant deux ans. Elle compose avec les conditions offertes par l'Ermitage et les ressources de la Communauté urbaine de Montréal (CUM) pour aménager ce nouvel espace.

En mai 1985, avec l'aide du voisin cultivateur, Réjean Pilon, elle laboure et cultive un jardin potager. Fin juin, elle emménage seule au chalet de l'Ermitage, au 21 269, boul. Gouin Ouest à Pierrefonds. En août, Florence Mercier c.s.c. se joint à elle. Ensemble, elles transforment le chalet en milieu de vie. C'est la *Maison d'hébergement*.

Disposant d'un budget de 80 000 $ de la Congrégation, l'équipe achète une fourgonnette pour assurer le transport des jeunes et des employés entre Pierrefonds et le métro Côte-Vertu, et embauche deux intervenants : Linda Malo, travailleuse sociale, et Jean-Luc Roussy, menuisier, dont les salaires sont de 17 000 $ et 15 000 $; les salaires de Florence Mercier et Rachel Jetté sont de 6 500 $, ce qui permet d'envisager l'engagement d'un laïc sans trop déséquilibrer le budget. En novembre 1985, les ateliers de cuisine et de menuiserie sont mis sur pied ; d'autres ateliers constitueront en peu d'années tout un ensemble (jardin, poulailler et rucher), *la Petite Ferme*.

L'hébergement débute durant les fêtes de 1985. Michel Blais avait suggéré, avec raison, de différer l'ouverture pour mieux connaître les problèmes que vivent les jeunes. Mais un organisme de Montréal qui, faute de subvention gouvernementale, est contraint de fermer ses portes durant les fêtes demande à Rachel si elle peut loger des jeunes : *On ne laisse pas des gens dans la rue le jour de Noël !* Cet accueil inopiné de jeunes fait naître dans la Maison d'hébergement une expérience de résidence de type familial qui la distingue du milieu institutionnel d'hébergement : l'organisme offre aux jeunes adultes en difficulté à la fois **un lieu de travail et un logis.** En effet, Stéphane Tremblay, stagiaire, et Patrick Celier, intervenant, rédigent un projet où les jeunes, selon qu'ils séjournent pour un dépannage à court terme ou qu'ils sont hébergés à plus long terme, sont appelés à s'impliquer dans la vie quotidienne de la maison, à participer aux ateliers, voire à prendre des responsabilités dans la maison. Les tâches et des responsabilités qui leur sont confiées sont reconnues par certains programmes sociaux.

C'est l'arrivée d'un premier stagiaire à l'atelier de menuiserie qui a permis à l'organisme de connaître ces programmes gouvernementaux et de s'y référer. Rachel apprend en effet par son agent d'aide sociale que ce jeune est admissible au programme « Stage en milieu de travail », et qu'un supplément lui serait accordé ainsi qu'à l'organisme qui en ferait la demande. Pour ce faire, il faut obtenir un numéro d'employeur. Là encore, il faut s'informer, trouver les papiers, s'entourer de personnes-ressources dont Denis Prescott, c.s.c, pour rédiger la charte et les règlements généraux. Florence et Rachel se rendront à Québec le matin du 29 juin 1986, pour revenir le soir même avec en main l'incorporation désignée sous le nom de « D-Trois-Pierres ». Les membres fondateurs de la *Corporation D-Trois-Pierres* sont : sœurs Rollande Bastien et Rachel Jetté, madame Micheline Claude et messieurs Jean-Luc Roussy et Denis Prescott.

Porter un nom, Porter son nom

En 1985, quand D-Trois-Pierres est né, je portais, intérieurement dans le privé et extérieurement dans une dimension sociopolitique, le projet. Et le nom qui me venait, à cause des coïncidences heureuses de sa mise en forme, était : «Don de Dieu». Je savais que ce nom ne passerait pas la rampe dans la société séculière québécoise, mais je ne pouvais y renoncer, car je savais également que ce qui était en train de se créer était plus grand que moi. J'ai risqué le jeu en me disant : «les trois mots de "Don de Dieu" commencent par la lettre d, si on disait "D3", ça ferait un peu ésotérique, et ce serait seulement nous, participants de cette nouveauté en train de naître, qui connaîtrions le sens caché, invisible de notre identité collective.» J'ai d'abord partagé ma réflexion avec les jeunes de la maison d'hébergement. J'ai été surprise par leur enthousiasme, et par la nouvelle interprétation qu'ils ont tirée des sons «D3» qu'ils ont entendu phonétiquement «détroit». Ils se reconnaissaient dans cette image d'un passage étroit, symbole de leur cheminement à ce moment de leur histoire. J'en ai parlé au Conseil d'administration, qui a transformé D3 en D-Trois et a ajouté le mot «pierres» pour marquer notre lieu d'origine : Pierrefonds. Et depuis, les très nombreuses interprétations de ce nom D-Trois-Pierres continuent à nourrir nos réflexions.

RACHEL JETTÉ

Dès la fin de 1986, D-Trois-Pierres devient membre du Regroupement des Organismes communautaires jeunesse du Montréal métropolitain et participe au mouvement communautaire plus large duquel il reçoit informations, soutien et formation. En retour, il s'implique en prenant part aux revendications légitimes des groupes communautaires, qui risquent d'être installés dans une économie de précarité semblable à celle des jeunes adultes qu'ils veulent servir.

La Maison d'hébergement, au cœur de la démarche de réinsertion, est en premier lieu une communauté où vivent ensemble animateurs et jeunes adultes. Avec leurs différences, ils forment un groupe engagé dans des activités quotidiennes : repas, entretien, loisirs ; dans des tâches saisonnières : jardin, rucher, érablière ; et enfin dans divers ateliers : menuiserie, couture, cuisine, musique, spiritualité. En 1986, l'animateur Yves LaRochelle met au point une démarche fort ancienne qui offre l'occasion au participant d'être observateur, apprenti, compagnon, puis maître d'œuvre et enfin de prendre sa place dans la société. Mais ce sont avant tout des ateliers éducatifs qui ont pour objectif la croissance physique, psychologique et spirituelle du jeune adulte.

En janvier 1985, Pierre DesMarais II, président de la CUM, invite Jacques C. Grégoire, directeur du Service des loisirs à Outremont, à mettre sur pied des activités dans les parcs régionaux. En l'absence de plans directeurs, le Service de la planification n'est guère empressé à développer ces parcs, ni à confier l'usage des bâtiments et de l'équipements à des groupes du milieu. Sans projet, ni argent, ni ressources autres que lui-même, Jacques Grégoire va explorer les sites, dont celui du Cap-Saint-Jacques, pour se faire une idée concrète. Ses déplacements lui permettent de se présenter, et d'informer les organismes et les élus des villes du projet de la CUM *d'ouvrir les parcs à la population.*

Six mois après sa nomination, Jacques Grégoire rencontre les Sœurs de Sainte-Croix au Cap-Saint-Jacques. Il apprend qu'elles viennent de fonder un organisme de réinsertion sociale pour les jeunes de 18 à 30 ans, avec différentes activités expressives et manuelles. Mais il faut un site, des bâtiments, des équipements. Or, le parc du Cap-Saint-Jacques possède toutes ces ressources que Jacques Grégoire a pour mandat de développer. Donc, avec et grâce à la participation de groupes du milieu, les citoyens de l'île de Montréal pourront profiter « d'un coin de nature en ville ». Ce seront les débuts expérimentaux des ententes de services entre D-Trois-Pierres et la CUM, une forme novatrice de partenariat. Ainsi, dès sa première année d'existence, l'organisme signe des protocoles pour l'usage de la cabane à sucre, d'un champ pour le rucher, d'une maison pour un atelier de musique en échange de services de restauration et de surveillance du site. Ces ententes, renouvelées en 1987, donnent lieu à une fête du sirop d'érable et à un concert estival, lors de l'inauguration de la plage en présence de Michel Hamelin, nouveau président de la CUM. L'une des chansons, fort revendicatrice, intitulée *Jeux de société* (paroles et musique de Yves LaRochelle), secoue l'auditoire. Cette même année, la CUM octroie un contrat de menuiserie à D-Trois-Pierres et le consulte sur l'aménagement du parc.

À cette époque, l'administration Doré, nouvellement élue à la Ville de Montréal, est très *pro-environnement*. Cette orientation se répercute à la CUM, alors qu'un mouvement très important de groupes environnementaux sur l'île veut que les villes soient plus actives dans la protection et la conservation des espaces naturels. Brassage public et politique : il s'agit d'acquérir les derniers grands espaces naturels et surtout de les aménager une fois que leur utilisation est déterminée. La Corporation D-Trois-Pierres propose un projet de ferme écologique pour le Cap-Saint-Jacques dans lequel, par contrat de service et selon un plan triennal, elle pourrait exploiter cette ferme agricole avec des jeunes de 18 à 30 ans en réinsertion sociale, et initier le public à l'agriculture biologique. Résultat ? Un protocole d'entente signé en janvier 1988 confère à D-Trois-Pierres, *organisme du milieu*, une mission d'accueil et d'éducation offerte aux écoles et à la population à partir de juin grâce à l'exploitation d'une ferme écologique, au 205 chemin du Cap-Saint-Jacques.

En février 1988, D-Trois-Pierres quitte *La petite ferme de l'Ermitage* pour prendre à sa charge et animer avec les jeunes adultes cette ferme écologique. Pour la CUM, les protocoles signés avec les municipalités et les organismes sont une nouveauté.

La ferme écologique nécessite une réorganisation du personnel. Sur le plan administratif, Rachel Jetté demeure la directrice, tandis que Florence Mercier devient responsable de la ferme et y réside jusqu'à l'arrivée du fermier, Éric Schattawer et de sa famille. À l'hébergement, des bénévoles assurent un service le soir et la nuit.

Cette expansion coûte cher à D-Trois-Pierres, financièrement et en termes de ressources humaines. La corporation bénéficie, certes, d'une aide gouvernementale, mais celle-ci demeure aléatoire. Si les rapports financiers de 1985 à 1990 ne présentent aucun déficit, c'est que D-Trois-Pierres a pu compter sur le soutien financier de la Congrégation des Sœurs de Sainte-Croix, et sur celui de ses partenaires et bénévoles, dont madame Yvonne Tremblay, qui a su trouver des bienfaiteurs anonymes de l'entreprise privée pour les services comptables, et recueillir des dons de 73 000 $ une première année, et de 55 000 $ l'année suivante.

Néanmoins, Rachel Jetté mentionne dans son rapport à l'assemblée générale de novembre 1989 qu'en raison de difficultés financières récurrentes, la fermeture de D-Trois-Pierres a été envisagée. Mais il n'en faut pas moins penser à une relève de laïcs, c'est-à-dire à l'arrivée d'autres collaborateurs sur les plans humain, social et spirituel. Ce sera la porte d'entrée de la deuxième phase : D-Trois-Pierres ne sera plus considéré uniquement comme une œuvre de charité, mais comme une œuvre d'éducation et de service à la collectivité.

Il convient ici de rappeler « la petite histoire du champ de patates » que Michel Blais a racontée un jour à Rachel :
— Rachel tu as un beau champ de patates, c'est le temps de la récolte. On annonce deux jours de beau temps avant les pluies d'automne. Tu décides de convoquer tout le monde, intervenants et jeunes pour une corvée de cueillette de patates. Le lendemain, le personnel est là, mais les jeunes sont absents. Que fais-tu ?

— Je demande aux intervenants de téléphoner aux jeunes pour savoir ce qui se passe ?

— Les intervenants te font leur rapport : l'une se dit malade ; chez deux jeunes, ça ne répond pas ; trois autres n'ont pas le téléphone ; enfin, le septième dit que ça ne l'intéresse pas. Que fais-tu ?

— Je demande aux intervenants de s'occuper des jeunes à leur retour pour revoir ce vécu, et je contacte des bénévoles pour ramasser les patates avec le personnel.

— Rachel, qu'est-ce que les jeunes vont dire à leur retour en voyant les patates ramassées ? « Rachel n'a pas besoin de nous. » Tu n'as pas le choix : ou tu acceptes de perdre le champ de patates et tu gagnes les jeunes, ou tu sauves le champ de patates et tu perds les jeunes. Qu'est-ce que tu veux ?

L'intérêt de cette parabole est de traduire la priorité de mission qui doit être donnée à l'humain. La maisonnée familiale est édifiée sur le modèle de la coopération ; chacun donne et reçoit. L'éducation vise à bien répondre aux besoins de base de chacun, en respectant un budget réaliste et planifié. C'est une expérience collective d'autosuffisance personnelle et sociale. Les ateliers de travail ne sont pas des emplois rémunérés à taux horaire, mais des activités en soutien au budget des individus et de la maisonnée, reconnues et bonifiées par le gouvernement. Cette maisonnée familiale et sa pratique sociospirituelle, parce que basées sur l'entraide entre tous les membres, est une forme **d'activité à dominante non marchande**, ayant pour idéal et aspiration de favoriser la transformation de jeunes adultes dont les besoins sont insatisfaits ou mal satisfaits en *personnes autonomes et responsables.*

Profondément habitée par la réalité quotidienne de jeunes en « mal de vivre », en 1983, soit l'année préparatoire à notre Chapitre provincial, je me suis surprise, lors d'une magnifique journée d'automne passée à Pierrefonds, à rêver, à rêver beau, à rêver grand, à rêver en couleur. Je rêvais de voir, un jour, notre domaine de l'Ermitage, à Pierrefonds, envahi par une foule de jeunes. Des jeunes venus de partout et de nulle part, des jeunes en manque d'espace social et de guides, des jeunes en quête de sens à leur vie, des jeunes assoiffés de valeurs spirituelles et de « plus être », des jeunes désireux de se faire une place au soleil. PIERRETTE LAVERDURE C.S.C.

L'option pour les pauvres peut se prendre à deux niveaux : celui qui nous envoie vers les pauvres pour vivre avec eux et épouser leurs luttes, et celui qui se traduit par un choix de société dont le fondement sera la justice, la solidarité et le partage. Comme éducatrice enseignante, je peux faire mienne cette option du second niveau, même si j'enseigne dans un collège fréquenté par les jeunes de la bourgeoisie. Cela aura pour conséquence d'orienter tout mon enseignement. **Ma préoccupation sera d'ouvrir l'esprit des jeunes** à ce choix de société et de les pousser à s'engager, en solidarité avec les pauvres, à bâtir cette société de justice et de solidarité. ANNETTE LEGAULT C.S.C.

L'Hôtellerie du Québec pouvait nous donner des viandes, des légumes et des desserts tout préparés. C'eût été sûrement une aide pour le budget, mais quelles auraient été les conséquences pour les jeunes responsables des cuisines du chalet et de la ferme ? Déposer simplement la nourriture dans un plat, c'est bien différent de cuisiner soi-même des repas en préparant un budget et en prévoyant les achats. RACHEL JETTÉ c.s.c

L'aspect familial du projet m'a beaucoup attiré. Les jeunes m'appréciaient et je ne trompais pas leur confiance. La direction acceptait ma façon d'être. Pour moi, c'est un gros manque qu'il n'y ait plus d'hébergement. Travailler ensemble, c'est une chose, vivre ensemble, c'en est une autre. LUC RAPHAËL

Un jour, mon père me dit : « Fils, j'ai une chose à te dire : légalement, je ne suis plus responsable de toi, et moralement, je m'en fous ! » J'ai pris une bière, je l'ai bue bien tranquillement. J'ai mis le bock sur la table, **j'ai regardé mon père en face, et j'ai dit : « Tiens ! »** C'est toute ma colère que je pensais lui avoir laissée, mais elle m'a suivi. Je me suis retrouvé à D-Trois-Pier-

res. Je n'avais que deux sacs : un sac vert plein de vaisselle sale et d'articles personnels et un autre sac plein d'agressivité et plein de colère envers mon père. Le plus important déballage, ça a été celui de mon deuxième sac.

BENJAMIN ROTHKRUG

Je suis arrivé à D-Trois-Pierres à l'été 1988. On était plusieurs à vivre ensemble, et chacun jouait sa mélodie! **Ce fut mon premier choc avec l'harmonie.** J'ai manqué toute mon enfance; il y a eu tant de notes dissonantes dans ma vie... Tu ne veux plus rien entendre, tu deviens sourd à ce qui t'environne et à toi-même. Je cherche encore les sons justes, mais j'ai une musique qui m'habite. Je sens que je vais finir par la jouer. Christian Richard

Je pense qu'avant de se trouver un job, il est important de régler nos problèmes familiaux. Pour cela, il faut en parler: ça débourre et on se découvre. Au lieu de le refouler, tu le gères; mais ça prend du temps. Moi, j'ai commencé à D-Trois-Pierres en 1988. J'ai continué à Mélaric en 1992. Depuis ce temps, je suis abstinent. J'étais au pied du mur, dangereux pour moi et pour les autres; un vrai loup noirci. Aujourd'hui, ce n'est plus le cas. Michel Bélair

24

2 En transition : Un milieu thérapeutique et sa pratique psychoéducative 1990-1996

CE SONT LES GRANDES ANNÉES de prospérité de la CUM, tant pour les acquisitions d'espaces naturels sur l'île de Montréal que dans leur aménagement et la création d'une offre de services à la population.

En effet, en septembre 1989, M. Gérard Divay, nouveau directeur du Service de la planification du territoire, donne suite au rapport de la Commission d'aménagement : il finalise le plan d'acquisition et celui de l'aménagement. Il rencontre les élus de la banlieue et de la ville et parvient, non sans peine, à les convaincre de voter le plan d'acquisition. Geste visionnaire de sa part, qui rend possible l'achat de plusieurs parcs et espaces verts.

Dans l'aménagement des parcs, deux concepts s'affrontent : l'un centré sur la protection des espaces, l'autre, sur les loisirs de plein air accessibles à toute la population.

27

Le Service de la planification élabore un plan directeur pour chaque parc. Jacques Grégoire propose la création d'un poste de régisseur de parcs dans chaque région. Madame Guylaine Parr sera la responsable du secteur Ouest, dont fait partie le Cap-Saint-Jacques. Son mandat consiste à réaliser différents protocoles signés avec les organismes partenaires, accords qui impliquent des travaux d'aménagement et d'entretien.

Avec un budget de 400 000 $, la CUM réalise les projets de construction d'un chalet d'accueil et d'un bâtiment d'entretien. C'est aussi l'heure des grands travaux de l'aménagement de la base de plein air avec sa propre plage, son Centre d'hébergement et son Centre d'interprétation. La ferme est déplacée près de la maison Brunet.

Les préoccupations se concentrent sur l'aménagement et la consolidation des acquis de la phase précédente. Rachel Jetté, désireuse de passer le flambeau à des laïcs qui deviennent des partenaires dans une œuvre d'éducation, annonce en décembre 1990 son intention de quitter le poste de directrice générale : elle crée le poste d'agent de développement pour engager l'organisme dans des activités qui assureront son plein développement, augmenter la capacité d'accueil des jeunes adultes en externe, renforcer les liens de concertation avec les secteurs privé, public et communautaire, et enfin, pour répondre aux besoins en réinsertion/insertion.

À ce titre, M. Simon-Pierre Lacerte entre en fonction le 5 septembre 1990. Dans son document *D-Trois-Pierres aujourd'hui et demain,* il distingue deux clientèles : une clientèle de 18 à 30 ans, sans feu ni lieu, dont les besoins fondamentaux doivent être comblés par une insertion dans des plateaux de travail, et une clientèle externe plus autonome, qui réclame plutôt une aide dans une démarche d'intégration à l'emploi. Selon le type de clientèle, D-Trois-Pierres offrira un accompagnement psychosocial et un encadrement technique de terrain. Fernando Séguel et Jean-Pierre Marcotte acceptent respectivement le poste d'intervenant à l'hébergement et celui de jardinier à la ferme. Gilles Labelle est responsable du plateau de la menuiserie.

En mars 1991, le personnel choisit Linda Malo comme directrice, poste qu'elle n'accepte de combler que temporairement. Rachel Jetté réunit le personnel et sa proposition de comité de gestion et de coordination est acceptée, avec Linda Malo à l'administration, Gaétane Poulin à la gérance des trois casse-croûte, Fernando Seguel à titre de thérapeute et Simon-Pierre Lacerte au poste de directeur général.

En novembre 1991, de toute évidence, l'hébergement et la ferme sont devenus deux domaines distincts. Un projet de construction d'une coopérative d'habitation de 18 unités avec plans et devis est élaboré. Malgré le don du terrain à l'Ermitage par les Sœurs de Sainte-Croix, c'est le refus de subvention de la SHQ qui aura fait échouer ce projet de construction d'un nouvel hébergement.

Le nouveau directeur préconise que la ferme soit un ensemble de plateaux de travail que le jeune doit parcourir. Par le biais du travail mais aussi d'un suivi thérapeutique personnalisé, D-Trois-Pierres vise à développer l'estime de soi dans le cadre d'une contrainte sociale réelle, afin de permettre au participant volontaire une intégration positive et pratique à la vie en société. L'accompagnement est davantage clinique qu'occupationnel, davantage centré sur le cheminement psychosociologique que sur l'intégration sociale. Simon-Pierre propose un programme en cinq étapes dont Fernando Séguel assure la mise en œuvre :

1 • ACCLIMATATION : UN MOIS

En arrivant à D-Trois-Pierres, le participant volontaire travaille à l'entretien général, apprend à se prendre en charge et à respecter son engagement. Son défi ? S'adapter aux personnes, au travail, au milieu et respecter les consignes.

2 • INTÉGRATION : TROIS MOIS

Première étape d'immersion en milieu rural, le participant volontaire assume des responsabilités au sein des plateaux de travail, pour une durée de deux à trois semaines réussies dans chaque plateau. Il apprend à découvrir les avantages qu'il retire dans ce milieu, à accomplir les tâches demandées et à accepter ses réussites.

3 • EXPRESSION DE SOI : QUATRE MOIS

Le participant volontaire devient collaborateur de l'animation des plateaux auxquels il participe, de trois semaines en trois semaines. Cette étape lui permet d'explorer ses possibilités dans les activités des différents plateaux, d'apprendre comment résoudre des conflits avec un pair ou avec l'autorité, de transmettre les connaissances qu'il a acquises et d'acquérir une confiance en lui-même en se sentant accepté et reconnu dans son travail.

4 • PARTICIPATION : TROIS MOIS

L'étape 3 réussie, le participant s'oriente vers le plateau de travail de son choix, où il anime et cogère avec l'accompagnateur des participants volontaires engagés dans les étapes précédentes. En participant à des projets collectifs, il vit son moi dans un groupe et actualise ses acquis.

5 • RÉINSERTION : UN MOIS

Le participant volontaire fait des expériences d'insertion dans la société. Sa vie en société est basée sur les trois dimensions : physique, psychologique et spirituelle. Cette étape lui permet des régressions partielles que peut provoquer l'anxiété du départ. Il fait des expériences ou des stages en milieu de travail ajustés à ses capacités et à son goût : retour aux études ou insertion dans une communauté sociale. Il fait des démarches à l'extérieur – stage, emploi ou études – et utilise ainsi ses outils dans la société.

Dans ce programme, les jeunes adultes, non différenciés en catégorie, sont appelés des *participants volontaires*. Les membres du personnel sont considérés comme des

membres communautaires, qui reçoivent un même salaire de base, et dont l'engagement revêt un caractère vocationnel.

En 1991-1992, une crise a lieu à D-Trois-Pierres, qui se solde par des démissions et par
le non-renouvellement de certains contrats. Pour combler ces postes, Simon-Pierre
Lacerte engage André Trudel comme responsable de la ferme et de la construction de la
serre. Il engage aussi Monique Laroche, horticultrice, et demande à Rachel Jetté de
retourner à la maison d'hébergement où des jeunes résidents informés de la crise ont pris
le parti de l'affrontement. La mort semble présente dans la maison d'hébergement, mais
un jeune donne à Rachel Jetté le signe que la vie est désormais à la ferme. D-Trois-Pierres
quitte la maison d'hébergement, qui sera démolie. Les jeunes seront replacés ailleurs.

La crise porte sur les façons d'administrer et de gérer, et donne lieu à une remise en
question du statut juridique de la Corporation et du partenariat avec la CUM. La CUM
offre gratuitement les services de Mme Micheline Boileau pour faire une étude sur les
événements survenus. Le partenariat DTP-CUM est redéfini et de nouvelles règles de
fonctionnement sont identifiées relativement à la gestion de l'organisme, qui est menacé
de disparaître si des changements institutionnels et organisationnels internes majeurs
ne sont pas proposés et implantés.

Linda Malo assure à nouveau la direction générale par intérim. Elle veut démontrer
à la CUM que, même s'il y a eu crise, cette expérience commune DTP-CUM peut être
inspiratrice d'une nouvelle forme d'action sociale. La CUM a fourni à D-Trois-Pierres
un milieu favorable pour l'accomplissement de sa mission et D-Trois-Pierres a été insti-
gateur et catalyseur d'une sensibilisation de la CUM vers une mission de réinsertion
sociale dans les parcs. Aussi, la Corporation D-Trois-Pierres appuie-t-elle le projet d'un
partenariat renouvelé, dans lequel chaque partie, respectueuse de l'autonomie de l'autre,
aura le plein contrôle de la gestion de ses ressources, de la sélection de son personnel et
de ses représentants au C.A.

Il faut consolider et renforcer la nouvelle équipe. André Trudel, qui a une expérience agricole et administrative, se voit offrir en avril 1992 le poste de contremaître de la ferme, où il résidera pour assurer la surveillance et la sécurité. Principe cher à André Trudel, l'exemple : avec son propre tracteur et l'aide de son beau-frère, il amasse en deux semaines 5 000 balles de foin ! D-Trois-Pierres commence à devenir une entreprise agricole ; le soir, André Trudel consacre son temps à préparer le budget et planifier l'orientation financière de la Corporation que Linda Malo présente au C.A. Tout est en place : la ferme avec les animaux, les plateaux de travail, le plateau d'animation. André Trudel n'a plus qu'à développer, avec l'étroite collaboration d'un personnel fort réduit mais dévoué !

Monique Laroche prend à sa charge le jardin en ce même mois d'avril 1992, et obtiendra son poste à temps plein en décembre 1992. Désireuse de maintenir le modèle d'intervention, elle est confrontée à trouver un équilibre entre les exigences de la production et l'accompagnement thérapeutique. Et si le groupe de travail parvient à réaliser ses tâches, c'est qu'à côté d'une clientèle qui a besoin de rencontres cliniques, il y a des participants qui ne demandent qu'un milieu de travail pour poursuivre leur croissance professionnelle et sociale.

Quand Linda Malo annonce son intention de retourner aux études, André Trudel se porte candidat au poste de directeur général. Le C.A. lui accorde le poste en juillet 1993, après approbation de Ghislaine Roquet, représentante régionale des Sœurs de Sainte-Croix. Un des premiers gestes d'André Trudel est d'appliquer les orientations du rapport Boileau. Il se préoccupe de rétablir les liens de confiance avec les Sœurs de Sainte-Croix et la CUM, partenaires de la première heure. La nouvelle équipe de D-Trois-Pierres, soutenue par un C.A. vigilant, parvient à renouveler un protocole d'entente avec la CUM qui respecte l'autonomie des deux parties. D-Trois-Pierres cherche toujours de nouvelles sources de financement. Un chemin se dessine lors du

Regroupement des organismes communautaires autonomes jeunesse du Montréal Métropolitain, en juin 1994. Il y est question de Corporation intermédiaire de travail (CIT). Depuis les années 1990, le CIT offre EXTRA, un programme d'expérience de travail de 26 semaines avec bonification de l'allocation. André Trudel entreprend les démarches pour que D-Trois-Pierres soit reconnu CIT, ce qui sera chose faite en novembre. En outre, un autre projet est présenté à Service Jeunesse Canada (SJC), programme qui débute en février 1995. Le plateau de l'animation dirigé par Guylaine Forest sera dès lors financé par ce programme. Cela lui permet de coordonner une équipe de jeunes animateurs en formation.

Les jeunes viennent travailler au Cap, contents de trouver un encadrement personnalisé, dirigé par Fernando Séguel et son adjoint Denis Auger. La journée commence par le récit des difficultés et des bons coups vécus la veille ; le soir, c'est le retour et le bilan. Durant la journée, Fernando et Denis rencontrent individuellement les participants selon leurs besoins.

Mais le contexte économique demeure difficile. En dépit d'efforts sérieux, la masse salariale doit être réduite. En septembre 1995, comme l'objet premier est d'offrir un apprentissage de travail sur une ferme écologique, il est décidé que les participants seront adressés à des ressources thérapeutiques externes. Le poste de directeur clinique est aboli ainsi que celui de responsable de la menuiserie.

André Trudel suggère de proposer Micheline Boileau comme membre du C.A. et ainsi de profiter de son expertise dans les nouvelles orientations données à l'organisme. D-Trois-Pierres entre alors dans le mouvement des organismes qui, en concertation avec des acteurs du milieu local et la CIT, se transforment en entreprises d'insertion spécialisées dans le développement de l'employabilité.

De nouveaux acteurs se mobilisent et les problèmes d'insertion des jeunes adultes demeurent au cœur des aspirations de D-Trois-Pierres. Par leur présence au C.A. et sur le terrain, les religieuses continuent à veiller à la mission d'éducation. Mais le mode d'organisation d'insertion à D-Trois-Pierres n'est plus une « maisonnée familiale » où chacun met la main à la pâte pour assurer la subsistance de tous. Il s'agit bien plutôt d'un « milieu thérapeutique » dont la pratique est axée sur la croissance personnelle et sociale par une immersion dans un travail qui demeure une forme d'activité non marchande, bien que ne soit pas exclue une préoccupation de rendement.

Deux acteurs témoins de cette étape donnent leur vision du chemin parcouru : De 1989 à 1995, D-Trois-Pierres a évolué. Il y a eu une crise en 1991-1992. Elle fut pénible pour nous. On avait créé des liens affectifs avec tout le monde. Nous avons été bouleversés au plus haut degré. On aurait voulu être avec tous et ne pas en éliminer. Certains sont partis... Nous, on a continué. La crise a amené un changement au niveau de la clientèle et de l'organisation. Comme il n'y a plus d'hébergement, les jeunes doivent se prendre plus en main. Le plateau de l'animation s'est développé. L'aspect thérapeutique se transforme, c'est le visage de l'entreprise d'insertion sociale qui s'en vient. L'aspect clinique étant renvoyé à des ressources externes, le poste de Fernando a été aboli et avec lui partent les ateliers de croissance comme la musicothérapie et la céramique, notre atelier, un instrument de travail précieux dans le soutien et le renforcement du moi chez les participants à D-Trois-Pierres. Nous étions partis en Suisse visiter la famille pour deux semaines et quand nous sommes revenus, les autres activités avaient pris le dessus et l'atelier de céramique n'existait plus. J'avais un rêve, et je l'écris pour l'histoire de D-Trois-Pierres : Je sais mélanger les argiles. J'avais trouvé de l'argile dans le jardin de la première ferme. J'avais rêvé de faire le mélange d'argile avec la terre de la place et de créer des objets qu'on pourrait vendre au profit de D-Trois-Pierres. Mon rêve est demeuré inachevé.

Jacqueline et Nicolas Brodbeck, *bénévoles*

Dans les années 1991, D-Trois-Pierres veut s'agrandir, construire et donc acquérir du terrain. Ces plans ne sont pas ceux de l'Ermitage. Aussi, s'interroge-t-on sur la compatibilité des objectifs poursuivis par les deux œuvres Sainte-Croix. **Collectif de sœurs de l'Ermitage**

Laissez-moi gérer la ferme, et je vais vous confier le mandat de veiller à la mission de D-Trois-Pierres. La mission que vous portez dans votre cœur, **je vais la défendre**, mais vous allez nous guider dans cette orientation. **André Trudel**

En 1994, quand je recevais quelqu'un qui avait une problématique d'alcoolisme, de toxicomanie grave, l'objectif n'était pas qu'il retourne au travail, l'objectif était qu'il reste en vie et pour cela qu'il arrête de consommer. C'est ce que j'avais connu, c'était la même chose. Je me disais : le reste va venir en son temps. Ma seule préoccupation, c'était de dire au participant : tu fais une demande d'aide, tu es dans une situation de

détresse, tu es dans une situation de survie, viens, **on va t'aider par le travail**. La réalité, c'était d'aider quelqu'un à surmonter sa dépendance, il n'y avait pas d'attente. **Denis Auger**

Il est survenu un problème qui a provoqué le départ de bons intervenants et la fermeture de l'hébergement. Conséquence ? Les jeunes étaient « down », moi-même j'ai fait une couple

35

de rechutes, mais je ne suis pas retourné à la rue. En 1994, je suis revenu à D-Trois-Pierres, mais comme employé cette fois. J'ai eu à prendre beaucoup de responsabilités. Le cheminement, c'est une affaire qui commence petit et qui ne finit plus. **Nanouk Conan**

Émilien, un chum de meeting, me dit : « Je connais un endroit où tu pourrais vivre une thérapie tout en travaillant. Va rencontrer Fernando. J'ai rencontré Fernando, l'intervenant psychosocial. Ce gars-là, il m'a aidé pas à peu près. Je vais tout le temps penser à ce gars-là. Il avait beaucoup d'écoute. C'était une relation d'entraide. **Alain Brulotte**

Je suis le fils du patron. En fait, je n'ai jamais eu beaucoup d'intérêt pour l'école. Je l'ai quittée à 16 ans et je me suis engagé sur le marché du travail. Je suis un décrocheur et un délinquant. De 16 à 18 ans, j'ai travaillé au casse-croûte de la ferme, au relais de ski de fond, sur un programme de Jeunesse-Canada. J'ai connu le travail en équipe à l'intérieur et à l'extérieur de D-Trois-Pierres. **J'ai été valorisé par les responsabilités** qu'on m'a données et l'efficacité avec laquelle j'ai accompli mon travail. **Félix-Antoine Côté-Trudel**

J'ai vécu l'âge adulte avant même d'être enfant et adolescente. **D-Trois-Pierres a été mon milieu d'adolescence** ; on m'a permis de faire tomber mes peurs et de faire face à la vie et à moi-même. À la ferme, j'ai connu ce qu'est l'amitié, le fait d'être reconnue dans une gang, un sentiment d'appartenance. Un jour, il a été temps de partir. Aujourd'hui, je suis devenue travailleuse autonome. J'accueille six enfants par jour dans ma garderie familiale. Les enfants me ramènent à l'essentiel : laisser vivre mon enfant intérieur et l'adulte que je suis devenue accepte la réalité. **Isabelle Leroux**

3 Croissance : Une entreprise d'insertion et sa pratique économique 1996-2000

L E CONCEPT DE *parc récréotouristique*, déjà présent dans le document de consultation de 1989, revient à l'avant-scène, mais se définit désormais en termes de *virage d'affaires*. La CUM veut réduire sa contribution financière directe aux partenaires et concentrer ses dépenses sur les infrastructures qui seront des sources de revenu. Ce virage d'affaires a pour conséquence que les organismes qui maintiennent des activités dédiées aux Parcs-Nature et à leur mission éducative et récréative doivent trouver eux-mêmes d'autres sources de financement. Plusieurs d'entre eux (municipalités, établissements publics, organismes du milieu et entreprises privées) se retirent, tant à cause des coupures sévères pratiquées dans les protocoles d'ententes existants qu'à cause de cette obligation de se rentabiliser.

En 1996-1997, D-Trois-Pierres en est à ce tournant. La Corporation accepte de prendre ce virage financier, en partageant les investissements dans le secteur de la ferme. La CUM investit dans les rénovations des bâtiments et des infrastructures extérieures, drainant notamment des terres agricoles. En contrepartie, D-Trois-Pierres assume les frais de l'achat d'équipements, décidé dans le but de générer de nouveaux revenus. Quant au renouvellement du protocole d'entente, la Corporation négocie pour développer un partenariat plus égalitaire et obtenir la rétribution financière la plus équitable possible. Paul-Émile Jean, président de D-Trois-Pierres, signe le protocole d'entente le 26 novembre 1997. Ce contrat de partenariat avec la CUM est un cap à passer pour la Corporation de D-Trois-Pierres. En effet, la CUM effectue une réduction de 5 000 $ dès la première année. D'autre part, la mission respective de chacun des partenaires s'inscrit dans la réalisation de l'objectif suivant, qui est toutefois extrinsèque à D-Trois-Pierres : *Les deux parties partagent le même objectif premier soit la prépondérance des services aux usagers du parc-nature du Cap-Saint-Jacques, ci-après désigné par le « parc-nature », notamment pour les services d'accueil, d'animation, de restauration et d'entretien.*

En conséquence, l'organisme se considère comme un locataire extrêmement fragilisé. Ce virage d'affaires donne lieu au questionnement suivant : L'économie au service du social, outil de croissance ? Ou plutôt le social au service de l'économie, outil de production ?

Le contexte socioéconomique n'est plus seulement celui d'une crise de l'emploi, mais aussi celui d'un chômage durable ou « naturel » lié aux reconversions industrielles, à l'exclusion économique et sociale qui frappe de plus en plus de personnes aptes au travail, et enfin à la réorganisation du travail dans une économie mondiale. Il faut lutter contre la pauvreté et l'exclusion pour maintenir les emplois, les adapter et en créer d'autres.

En juin 1995, la marche Du pain et des roses vise à joindre à la création d'emplois un effort de lutte contre la pauvreté, notamment celle des femmes. En mars 1996, le gouvernement tient une Conférence sur le devenir social et économique. En octobre a lieu un Sommet sur l'économie et l'emploi où, pour la première fois, les groupes sociaux et communautaires ont une place aux côtés des syndicats, du patronat et de l'État. Ceux-ci réclament de joindre au projet « déficit zéro » celui de « l'appauvrissement zéro ». En 1997, l'État accorde un fonds temporaire de trois ans pour lutter contre la pauvreté. Il s'agit du Fonds de lutte contre la pauvreté par la réinsertion au travail (FLP). Ce fonds sera reconduit jusqu'en 2003. Le FLP a pour objectif de faciliter l'intégration durable par l'emploi de personnes qui connaissent des difficultés majeures d'insertion au marché du travail.

Ce fonds arrive au moment de l'entente fédérale-provinciale sur la main-d'œuvre. En 1997, Québec obtient la responsabilité de la planification, de la conception et de l'évaluation des mesures d'aide à l'emploi de même que la gestion de fonds liés à la caisse d'assurance. Les mesures d'aide à l'emploi et de sécurité du revenu donnent lieu à une Politique active du marché du travail (PAMT).

Dans cette reconnaissance institutionnelle de l'économie sociale, il importe de faire une place aux expériences novatrices de pratique d'insertion par le travail. La décennie 1980-1990 voit émerger des organismes centrés sur l'employabilité, parallèlement à d'autres qui, outre l'employabilité, ont pour objectif de créer des emplois. Dans les deux cas, ces organismes offrent une véritable expérience de travail de production et de vente de biens ou de services conjuguée à un milieu de formation et d'insertion. Les premières entreprises d'insertion par l'économique axées sur la formation profession-nelle et l'intégration sociale au moyen d'un réel travail rémunéré sont La Relance à Hull (1982), Le Boulot vers… à Montréal (1983), L'école entreprise Formétal (1985), Le piolet à Québec (1987). D-Trois-Pierres fonctionne dans cet esprit depuis 1985. L'implantation du programme des Corporations intermédiaires de travail (CIT) par le ministère de la Sécurité du revenu conduit à la reconnaissance et au financement d'une cinquantaine de CIT au Québec entre août 1992 et décembre 1993. Elles seront 180 en juillet 1994.

À l'occasion du Forum pour l'emploi qui se tient à Québec en juin 1995, André Trudel fait la connaissance de Jean Cusson et Christian Valadou, qui œuvrent dans des entreprises d'insertion. En 1996, à l'Union française, a lieu l'assemblée de fondation du Collectif des entreprises d'insertion du Québec (CEIQ), qui définit l'entreprise d'insertion selon les sept critères suivants : une *mission* d'insertion sociale et professionnelle pour des personnes en situation d'exclusion, des *participants* qui s'engagent dans une démarche volontaire, une *entreprise authentique*, le *statut de salarié* à durée déterminée, l'*accompagnement* personnalisé, la *formation globale et intégrée*, et le *partenariat*. À la suite de son incorporation, le CEIQ réclame de l'État « *un financement adéquat et récurrent dans une logique de projet au lieu d'une logique de programme à caractère normatif uniformisé* ». Après quatre années d'efforts soutenus et concertés par le Collectif auprès et avec les représentants gouvernementaux de neuf ministères, la politique gouvernementale de reconnaissance et de financement des entreprises d'insertion est signée et rendue publique par la ministre Louise Harel à l'assemblée générale du CEIQ du 2 avril 1998. Dès lors, les entreprises d'insertion bénéficient d'une source de financement dédiée et adaptée à leurs actions et à leurs spécificités. Pour en bénéficier, les entreprises reconnues doivent présenter annuellement une évaluation de leurs activités. Emploi-Québec offre de financer les travaux qui mèneront à ce cadre d'évaluation. La CEIQ, en partenariat avec des représentants gouvernementaux, propose l'élaboration conjointe du contenu de ce cadre afin de soutenir les entreprises et de rendre des comptes aux partenaires.

Dans ce contexte et pour faire suite à la reconnaissance de D-Trois-Pierres comme CIT, André Trudel discute avec le C.A. du passage vers *l'entreprise d'insertion*. Il faut mesurer les conséquences de ce nouveau statut sur un éventuel protocole d'entente avec la CUM. La Corporation, « entreprise d'insertion » reconnue par la ministre, se voit accorder un premier financement d'Emploi-Québec, via le FLP, de 237 555 $. Les entreprises d'insertion, en négociation avec le gouvernement depuis deux ans, sont les premières à bénéficier de ce nouveau Fonds. Au même moment, l'entente fédérale-provinciale sur la formation de la main-d'œuvre modifie sensiblement les règles du jeu pour les entreprises d'insertion au travail : elles offrent désormais des conditions de travail qui se comparent à celles du marché de l'emploi, ce qui aide à éviter que les personnes employées ne développent une dépendance paradoxale aux programmes d'employabilité.

Au montant du FLP s'ajoute une subvention fédérale, pour les années 1997 et 1998, qui permet de donner à une cinquantaine de participants le statut de travailleur salarié à 35 heures par semaine pendant 26 semaines. En 1999, Emploi-Québec prend la relève du FLP. L'accent est mis sur le travail et la croissance en relation plus directe avec l'insertion sur le marché du travail. Le service thérapeutique, sous son aspect clinique, est dorénavant assuré par des ressources externes à D-Trois-Pierres. L'organisme prend le virage de l'*entreprise d'insertion*.

En outre, cette opportunité financière permet la mise en place d'une nouvelle structure qui correspond à l'entente signée avec la CUM. Les coordonnateurs des plateaux deviennent les directeurs responsables de la production des cinq secteurs d'activités : ressources humaines, activités agricoles, animation, affaires horticoles et commerciales, et marketing. Les directeurs supervisent en outre des formateurs techniques. De plus, ils forment un comité de gestion pour assurer la communication entre eux au quotidien, partager les préoccupations, consolider l'encadrement et uniformiser les interventions. Cette nouvelle forme de division et de coordination du travail permet d'accroître et de consolider les activités de l'entreprise.

Ainsi, les directeurs agricole et horticole se lancent dans une augmentation de la production maraîchère et débutent la mise en marché via l'Agriculture soutenue par la communauté (ASC). Ils font l'achat de machines grâce à une subvention obtenue par le directeur général. La mise en marché via l'ASC devient la principale source de vente des légumes qui sont certifiés biologiques par l'OCIA, dûment reconnue par le ministère de l'Agriculture. Une marque de commerce est enregistrée, et les produits sont vendus aux membres de l'ASC ainsi qu'aux visiteurs du nouveau magasin général réaménagé sous l'appellation Les Jardins du Cap.

Autre changement institutionnel : dès 1999, D-Trois-Pierres devient membre du comité exécutif du CEIQ, membre du Chantier d'économie sociale (CES). Dès lors, son réseau ne se limite plus aux Sœurs de Sainte-Croix et à ses partenaires, tels que la CUM et les paliers gouvernementaux ; il se transforme en un rassemblement d'acteurs corporatifs qui visent à *intégrer du social dans l'économique et de l'économique dans le social.*

D-Trois-Pierres, « entreprise d'insertion », qu'est-ce à dire ? Depuis sa fondation, la Corporation a toujours fait de l'insertion. D-Trois-Pierres est une *entreprise authentique* qui offre à des participants volontaires l'expérience d'un travail soumis aux contraintes économiques de délai, de rentabilité et de productivité. Mais cette activité de production où les participants ont le statut de salariés demeure au service de la mission d'insertion sociale. Or, comme D-Trois-Pierres veut désormais se définir selon les sept critères de la CEIQ, ce mode de production exige de nouvelles ressources dans les secteurs de l'administration et de l'accompagnement, d'autres services et mesures de suivi, et le réaménagement de ses pratiques pour offrir aux participants volontaires un réel *parcours d'insertion* et un véritable lieu d'*emploi-passerelle.* Un *parcours d'insertion* ne se réduit pas dans l'entrée en 3 ou 12 mois dans la société après un passage dans l'organisme. Constatant que certains ne s'intègrent pas à la société parce qu'ils n'ont pas accès aux ressources matérielles et sociales et qu'il n'y a pas de place pour eux, le rôle d'une *entreprise d'insertion* consiste en premier lieu à offrir en amont des postes d'insertion dans un réel milieu de vie et de travail où le participant a *accès à un pouvoir économique réel et à un statut social.* Bref, l'entreprise est déjà une voie d'entrée dans la société. En outre, la formation « sur le tas », au gré de la production, est remplacée par l'identification et la systématisation de contenus de formation, à partir des descriptions de tâches spécifiques de chaque plateau de travail. D'autre part, comme la formation offerte se veut globale et intégrée, il faut mettre en place un réel processus de formation.

Les contenus de formation sont donnés par des ressources externes, comme Formation professionnelle et sociale (FPS), alors que le suivi à l'interne assure l'intégration cohérente au parcours. L'encadrement, la formation et l'accompagnement sont la tâche de tout le personnel de D-Trois-Pierres qui œuvre, par ailleurs, dans l'une des activités économiques. Une rencontre colloque de tous les employés permanents (directeurs, formateurs techniques et intervenants) a lieu à Sainte-Béatrix en octobre 1998 et porte sur l'orientation, l'interrelation et l'interdépendance des activités de plateaux de D-Trois-Pierres. Désormais, D-Trois-Pierres veut se démarquer du communautaire en devenant une entreprise d'insertion qui offre un produit, qui a sa marque de commerce et qui se dote d'une structure d'affaires. S'affranchir des pouvoirs publics dans son financement implique que l'organisme, tout en étant une organisation à but non lucratif, développe une activité économique de production et de vente de biens et de services; son modèle de gestion s'oriente sur la responsabilisation, l'autonomie et la délégation des décisions.

Le C.A. s'interroge sur l'évolution de l'organisme: D-Trois-Pierres peut-il rêver d'étendre l'entreprise d'insertion ailleurs qu'à la ferme du Cap-Saint-Jacques? Sur quels nouveaux sites? Avec quelles nouvelles clientèles? Des sites pour familles à revenus moyens ou faibles? Ou encore pour des jeunes en insertion? pour des vacances ou des temps de formation? Ce questionnement stimule la recherche de nouveaux partenaires, et d'un autre lieu d'activités. C'est ainsi qu'André Trudel, qui avait étudié chez les Montfortains, visite avec Rachel Jetté leur noviciat situé à Champlain, alors à vendre. La décision de saisir cette occasion intéressante est reportée. Rachel Jetté, au retour de sa retraite annuelle, rappelle qu'il ne faut pas « *se laisser prendre par l'univers de nos désirs, mais plutôt laisser l'univers nous désirer* ». Deux semaines plus tard survient le projet de Boscoville, comme une réponse à cette orientation.

Après la *maisonnée familiale* de 1985-1990 et le *milieu thérapeutique* de 1991-1996, D-Trois-Pierres est donc devenu une *entreprise d'insertion* dont la « pratique économique » lui permet de passer résolument d'une **forme non marchande** à une **forme marchande d'activités**, mais toujours dans le dessein d'accomplir sa mission d'éducation.

Comme membre du comité de formation continue du Collectif des entreprises d'insertion du Québec, je participe très activement à l'élaboration d'un parcours d'insertion structuré permettant la formation personnelle, sociale et technique à l'aide de méthodologies de formation et d'évaluation plus performantes, qui répondent aux exigences de succès. Les sept critères du CEIQ deviennent la norme et le modèle de l'intervention auprès des jeunes. DENIS AUGER

J'ai habité toute ma vie dans l'Ouest de l'île, mais je n'avais jamais visité la ferme. Je savais que des personnes en difficulté y travaillaient. C'est ce qui m'a attirée. D-Trois-Pierres est en partie responsable du travail que j'ai présentement : grâce à mon stage dans le jardin, **j'ai découvert l'intérêt que j'avais pour l'horticulture.** Mais ce que D-Trois-Pierres a apporté de plus cher à mon cœur... c'est mon amoureux ! Je l'ai rencontré à la ferme, en 1996, et nous sommes ensemble depuis. JULIE MONETTE

À D-Trois-Pierres, un événement est venu chambarder ma vie. Le responsable m'a confié une tâche de superviseur. J'étais sûr de manquer mon coup parce que dans le passé, on m'avait toujours dit que j'étais incapable de faire quoi que ce soit. À ma grande surprise, j'étais bon : meilleur, même, que j'aurais pu l'espérer. **Ça m'a aidé à être plus sociable** et à me considérer comme quelqu'un qui fait partie de la société. Je suis devenu plus autonome et plus débrouillard. J'ai commencé à m'accueillir comme je suis. PIERRE DUMAS

D-Trois-Pierres : pierre de la confiance, du respect, du libre choix. Dans les autres maisons de thérapie que j'ai connues, la confiance, il faut que tu la gagnes. Ici, tu sens qu'ils te font confiance ! Alors, ta confiance en toi revient. Ils te respectent comme être humain. Le libre choix, tu l'as de façon globale : tu restes ou tu t'en vas, comme tu veux. Tu l'as aussi

dans chaque responsabilité que tu assumes. J'ai commencé ici à mettre en pratique tout le bagage accumulé dans les thérapies antérieures. Ici, j'ai décidé de m'impliquer dans mes relations, et plus spécialement avec Caroline. Notre relation d'aide est devenue une relation d'amitié et aujourd'hui, nous formons un couple. Mais celui que j'ai aussi rencontré à D-Trois-Pierres, c'est moi. D-Trois-Pierres : trois pierres solides avec lesquelles je peux construire du solide. Stéphane Gosselin

Quand j'essaie de relire mon passage à D-Trois-Pierres, je me dis qu'avant, j'agissais pour le paraître, et qu'aujourd'hui, **j'agis pour moi**. Avant, j'avais une relation amoureuse pour ne pas déplaire, aujourd'hui, j'ai rencontré l'homme que j'aime et ensemble nous avons choisi de donner la vie ; avant j'étais de la campagne par fatalité, aujourd'hui, je l'ai choisie, parce que cet environnement correspond à mes valeurs. Caroline Leblanc

J'ai quitté D-Trois-Pierres épuisé. Longtemps, je garderai des souvenirs heureux d'un lieu d'apprentissage et de réhabilitation extraordinaire. D-Trois-Pierres : passage obligé pour le réveil des sens endormis, **lieu où la nature nous rentre dedans d'aplomb** et fait jaillir de nos forces insoupçonnées pour les diriger dans la vie fragile mais précieuse.
Joseph-Fernand Dubé

À D-Trois-Pierres, la nature du travail c'est d'utiliser ton corps. Plus le temps passait, plus j'éprouvais du plaisir à dépasser mes limites. Avec la bonne bouffe que je faisais moi-même, avec l'abstinence face à l'alcool, j'ai maintenu une façon d'être plus saine. Plus je prenais soin de mon corps, plus je le respectais et plus je l'aimais. Le commencement de cette démarche, **c'est l'amour que j'ai senti en travaillant pour les gens**. Quand j'ai vu que j'aimais la méditation et le travail à la ferme écologique, que j'aimais quand les responsables acceptaient de m'en montrer davantage que ce que je leur demandais, j'ai vu que tout était possible, même pour une petite femme comme moi. J'ai terminé mes études d'horticulture à McGill. DIANA MARTINEZ

Je peux vous dire que D-Trois-Pierres a complètement changé ma vie. Au cours de mon parcours avec tout ce beau monde, **j'ai réussi à reprendre confiance en moi**, que ce soit pour la communication ou pour gérer ma vie : travail, budget, dépendances. D'autres ont besoin de thérapies pour s'en sortir ; moi, j'ai eu besoin de quelques rencontres avec Monique Laroche, responsable du plateau de l'horticulture, et Michèle Thémens, intervenante psychosociale, pour cesser complètement. À la sortie de D-Trois-Pierres, j'ai fait des démarches pour être acceptée dans un projet de retour aux études. Je désirais finir mon secondaire pour faire un DEP en horticulture. Dans ma vie présentement, il y a plus de bonnes choses que de mauvaises. STÉPHANIE BISSONNETTE

4 Essaimage : Un réseau d'espaces collectifs et sa pratique d'entrepreuriat social

2000-2005

CAP-SAINT-JACQUES, Boscoville, Saint-Paul de Joliette, Nominingue : quatre lieux géographiques qui comportent chacun des secteurs d'activités spécifiques et des parcours d'insertion différents. Au Cap, les activités d'une durée de huit mois sont les affaires agricoles et horticoles, l'entretien, la restauration et l'animation, avec des horaires de travail variés liés au flux saisonnier de visiteurs et de clients. À Boscoville 2000, les activités se concentrent sur l'entretien, dans un parcours de huit mois, de 9 h à 5 h. La Ferme éducative de Saint-Paul de Joliette offre des activités en horticulture et animation, d'une durée de 18 mois : six mois en insertion, six mois d'activités dans la communauté et six mois de stages de travail dans des entreprises. L'Accueil du Petit Lac de Nominingue prévoit, quant à lui, offrir des horaires variables d'activités en hôtellerie : services à l'accueil, à la salle à manger et aux chambres, etc.

À l'évidence, ce développement et cette croissance en quatre lieux, quatre centres, quatre créneaux incitent à effectuer des changements institutionnels et organisationnels internes. Il faut définir un plan de développement pour chaque campus : ses orientations, ses ressources, son financement, ses étapes d'implantation, ses échéanciers, ses besoins et son interrelation avec les autres campus. En parallèle, il faut procéder à un diagnostic organisationnel des ressources humaines.

Toujours conscient de sa mission d'insertion par l'économie qui implique un objectif de formation globale, D-Trois-Pierres priorise l'embauche de formateurs spécialisés en travail social, lesquels, de concert avec les spécialistes de l'agriculture et de l'horticulture, améliorent les services de formation et d'encadrement. Résultat ? Une augmentation significative du personnel permanent réparti dans les quatre campus dirigés par un coordonnateur des opérations, responsable aussi des ressources-jeunesse.

Quelle signification donner à ces changements de D-Trois-Pierres ? Cette quatrième phase est l'avènement de D-Trois-Pierres comme *acteur collectif* qui s'appréhende comme *entrepreneur social*, désireux de participer avec d'autres au développement de l'économie sociale québécoise. C'est le passage du « JE au NOUS ». La pratique de l'« entrepreneuriat social » incite en effet D-Trois-Pierres à œuvrer avec d'autres partenaires des secteurs privé, public et parapublic, avec lesquels il crée d'autres alliances et d'autres liens, et expérimente de nouveaux projets, de nouvelles activités et de nouvelles approches.

Cette phase doit être vue comme l'**essaimage** d'une collectivité et de son savoir social dans de nouvelles formes où s'articulent le développement économique et le développement social, l'économie marchande et l'économie non marchande, dans une nouvelle manière de voir et de penser, et ce, **avec d'autres.**

Pour D-Trois-Pierres, l'intégration/insertion à l'emploi est une responsabilité collective. Il faut offrir ce service à des gens lésés dans ce droit social indissociable des autres droits. Cette responsabilité devient la carte intérieure de D-Trois-Pierres. Elle explique le dynamisme de son développement en de nouvelles pratiques et sa façon de vivre l'*éducation libératrice*, qui est sa mission, sa source fondatrice, sa croyance.

Espace Boscoville

Pierre Bourque, maire de la Ville de Montréal, qui milite à l'époque pour « Une île, une ville », cherche en novembre 1999 à intéresser André Trudel à œuvrer dans l'Est de Montréal où il y a un manque de ressources, spécifiquement à Boscoville, que les Centres Jeunesse de Montréal ont fermé en privilégiant « l'approche milieu ».

André Trudel déposera le projet Regard sur l'orientation du Centre socioéconomique et sportif de Boscoville (CSESB), lieu propice pour innover dans l'insertion sociale par l'économique. Au ministère de la Santé et des Services sociaux et à la Protection de la Jeunesse, le nom « semble mal traduire les orientations, puisqu'il met l'emphase sur des dimensions qui (…) apparaissent un peu marginales par rapport à la vocation de réadaptation et de réinsertion qu'on veut donner à Boscoville ». Le projet initial connaîtra cinq versions. Outre le Volet insertion sociale par l'économique et le Volet sport et loisirs, le projet comprendra en 2000 le Volet intervention pour les 12-18 ans et le Volet pour la prévention des jeunes familles, pris en charge par Centraide-123GO. Ainsi naît « Boscoville 2000 », cité consacrée à l'enfance et à la jeunesse. Malgré les changements au projet initial, D-Trois-Pierres manifeste sa volonté de s'impliquer dans ce « Centre d'excellence », qui aurait pour mission de favoriser l'émergence et la consolidation d'organisations communautaires fondées sur l'insertion sociale par l'économique, appuyée sur l'offre d'installations culturelles et sportives aux populations de la région.

Saint-Paul de Joliette

En 1992, Simon-Pierre Lacerte quitte D-Trois-Pierres. Désireux de réaliser son rêve de venir en aide aux jeunes en milieu rural, il achète une ferme à Saint-Paul de Joliette.

Cherchant des appuis, il entre en contact avec des responsables de deux organismes : Le Bon Dieu dans la rue et la Fondation Richelieu Joliette (FRJ), qui soutient des projets sociaux dans la région de Lanaudière. « Si vous voulez comprendre mon projet, leur dit-il, allez voir la ferme au Cap-Saint-Jacques. Jean-Claude Chagnon, membre de la FRJ, visite la ferme à Cap-Saint-Jacques. André Trudel confirme la compétence de Simon-Pierre dans l'accompagnement des jeunes. Il est par ailleurs évident que, bien que viable au Cap-Saint-Jacques, le volet agrotouristique n'est pas transférable dans ce milieu rural, le contexte étant fort différent. La FRJ demande à D-Trois-Pierres de déposer un projet viable et rentable économiquement et socialement pour la région de Lanaudière, en lien avec le mandat de développement de projets dont s'est dotée la Corporation D-Trois-Pierres.

Il existe des organismes communautaires jeunesse tels les Maisons de jeunes, les Maisons d'hébergement jeunesse, les Services d'intervention de rue, etc. Par contre, le FRJ reconnaît l'absence d'une entreprise d'insertion socioprofessionnelle par l'économie. La volonté de la Fondation Richelieu Joliette est de répondre aux besoins non comblés des jeunes de 15 à 18 ans et de 18 à 25 ans de la région de Lanaudière. La FRJ se caractérise par une culture maraîchère économiquement prospère. La Fondation Richelieu Joliette confie à D-Trois-Pierres le mandat de développer une activité économique dans une ferme d'animation éducative pour favoriser l'arrimage des deux clientèles.

En 2002, la ferme de Saint-Paul de Joliette bénéficie de la présence de Marie-Pierre Pernet et de Monsieur Jean-Michel Bonnet, venus de France avec leurs enfants Guillaume et Lucas pour une expérience de bénévolat d'un an. Acteurs importants dans le démarrage de cette ferme d'animation éducative, ils assurent l'intérim en l'absence de ressources et deviennent le pilier de l'implantation de cette nouvelle entreprise d'insertion par l'économie. Jean-Michel accompagne les jeunes dans leurs travaux et leurs activités bénévoles : « Ils sont un peu comme mes fils quand je fais respecter les règles, et des copains quand je ris avec eux. » Marie-Pierre vaque aux tâches administratives : « Il est nécessaire de recréer cette réalité du bénévolat, qu'autrefois on appelait entraide, dans une société de consommation. » La coordination agricole et horticole est assurée par Michel Massuard et Monique Laroche, qui mettent en place la structure d'un développement planifié, durable et écologique. Outre la ferme d'animation éducative, D-Trois-Pierres bénéficie d'une autre résidence qui lui permet de loger des employés saisonniers et des participants qui viennent de divers pays pour des stages. Ces occasions favorisent un savoir-faire qui donne lieu à une augmentation remarquable de la production.

Nominingue

D-Trois-Pierres se déclare disposé à acheter une ou plusieurs propriétés de communautés religieuses pour les mettre au service de l'œuvre d'éducation. C'est ainsi qu'en 2002, D-Trois-Pierres apprend que les Sœurs de Sainte-Croix songent à vendre l'Accueil Notre-Dame-du-Lac, propriété située sur les bords du petit lac Nominingue dans les Hautes-Laurentides. Cette résidence, avec ses plages privées et son parterre, a une vocation de lieu de villégiature et de réunion, notamment pour les proches de la congrégation. Le bâtiment principal dispose de plus de 50 chambres, de salons, d'une chapelle, d'une salle à dîner et d'une cuisine équipée pouvant servir plus de 60 personnes.

D-Trois-Pierres envisage l'acquisition du site pour offrir un lieu de repos et de vacances à une clientèle de jeunes adultes en situation de précarité. Ce ne sera pas un camp de vacances pour jeunes. Le concept est plus large. Il s'agit de recréer l'atmosphère d'une auberge où les jeunes adultes seront accueillis comme des clients attendus, pouvant utiliser des équipements de loisirs et partager les avantages que peut offrir le lac en hiver comme en été. En outre, comme ce site incite à la réflexion et à la méditation, il permet une démarche d'intériorisation pour les jeunes qui viendront y séjourner. Le lieu pourra également servir à la formation sociale des jeunes en parcours d'insertion à l'intérieur des entreprises d'insertion membres du CEIQ. Avec un séjour de trois jours en semaine, les jeunes pourront s'initier aux règles de vie de l'organisme et débuter leur formation sociale selon un programme adapté à leur situation.

Les religieuses décident finalement de ne pas vendre l'unique lieu de rencontres pour les groupes du diocèse entre Amos et Saint-Jérôme. Elles proposent la mise sur pied d'un comité de gestion constitué de membres de la Congrégation des Sœurs de Sainte-Croix, des Associé(e)s et de D-Trois-Pierres, qui aura pour mandat d'en diriger le développement et ainsi de préserver ce milieu de vie. D-Trois-Pierres, organisme voué à l'aide aux jeunes adultes, décline l'offre et présente une autre proposition où sa mission d'insertion sociale et professionnelle, en continuité avec *la mémoire de la vocation de l'Accueil*, trouverait sa place. Cette proposition de créer un organisme indépendant dont la tâche sera de définir les objectifs et les orientations du « Centre » et d'en être le responsable administratif est acceptée.

Désireux de créer un partenariat avec les acteurs socioéconomiques du milieu, les membres de l'Accueil du Petit Lac les invite sur son site afin de leur présenter le projet d'insertion sociale et professionnelle de jeunes adultes âgés de 16 à 35 ans. Une dizaine de représentants de divers organismes et associations acceptent de collaborer au projet.

D-Trois-Pierres a réussi à débloquer mon sens du travail, aidé à régler le côté profession-nel de ma vie. Après 11 mois, nous sommes en 1998, je m'étais trouvé un emploi. Mais j'ai rechuté et me suis retrouvé au chômage. Je touche le fond ; j'appelle Denis. D-Trois-Pierres m'ouvre la porte une seconde fois. J'ai commencé à entrer dans le mode de vie AA et j'ai arrêté de consommer. La zoothérapie m'a beaucoup aidé. J'avais de la difficulté à vivre avec les humains. Je paranoïais, je me sentais mieux seul, isolé. À D-Trois-Pierres, j'ai grandi dans l'amour. Alain Lessard

On se raconte nos cheminements, nos problèmes, les difficultés de la vie. Je me rends compte que chaque jeune a vécu des situations différentes, vient d'un milieu différent, mais que dans le fond, **on veut tous la même chose : l'amour.** On s'accepte, tout simplement. C'est vraiment une place unique, une belle expérience à vivre ! Jacqueline Jéhoda

Si j'avais une image pour l'avenir, je dessinerais une petite maison dans la nature avec un carré de sable, pour oser faire ce que je n'ai pas fait quand j'étais enfant comme avoir des rêves et les réaliser. C'est pour cette raison que j'ai quitté le plein trafic pour la région de Lanaudière. D-Trois-Pierres et aussi l'Arrêt-Source m'ont donné des outils pour avancer avec confiance. Sortie de ma coquille, j'ai maintenant de nouvelles convictions et je persévère sur ma route. Caroline Chartrand

Chaque soir, le groupe de 12 à 15 jeunes, mixte, se réunissait pour partager le vécu de la journée. Fernando tenait un journal de bord. Un jour, il nous a suggéré de parler de notre jeunesse. J'ai raconté et revécu une dispute familiale traumatisante de mes 19 ans. En racontant cette histoire, **il y avait une tornade au-dedans de moi** et je suis sorti du groupe. Fernando est venu me trouver pour me dire : « es-tu correct » ?... Pour moi Fernando a été the best d'avoir réussi à me faire parler de ce vécu, à le libérer.

JOCELYN LEFORT

J'ai grandi dans le silence. Ma mère parlait peu, on était une petite famille, on ne communiquait pas beaucoup ensemble, à l'exception de mon frère et moi, peut-être. Le seul moyen qui pouvait me libérer du poids d'émotions que je ressentais c'était d'aller chercher de l'aide. J'avais vu une annonce dans le journal *Voir* ; je suis venue à D-Trois-Pierres le 23 janvier 2001. J'ai obtenu ma fiche d'Emploi-Québec le 24 et j'ai commencé les jours suivants comme commis de bureau. On a remarqué que je faisais du bon travail. La force de D-Trois-Pierres, c'est l'unité qui existe entre nous. J'aimerais que D-Trois-Pierres soit une entreprise actuelle, toujours à la page, sans peur d'innover. J'aimerais qu'on ait plus d'ouverture.

MY KHANH TRINH

Dans le dépliant de D-Trois-Pierres, deux caractéristiques décrivant leur clientèle me concernaient : avoir connu des difficultés personnelles majeures et avoir des difficultés à maintenir un emploi. **Je n'avais jamais tenu un emploi plus de trois mois.** Présentement, je suis dans mon sixième mois. Je suis excité de terminer un contrat et en même temps, de la tristesse de changer un environnement de travail où j'ai créé des liens d'amitié.

Khoa Sisavath

À l'été 2002, je travaille comme employée en formation à la Ferme Éducative à Saint-Paul de Joliette. C'est comme un moment de pause dans un travail constructif avant de commencer ma vie dans cette société. À l'automne 2004, les Ressources Jeunesse de D-Trois-Pierres me convoquent pour passer une entrevue de sélection en vue de l'obtention d'une bourse. Je présente le projet « Création, J'aime, J'entreprends ». J'obtiens alors une bourse de 625 $

qui me permet de mener à terme certains projets où je suis impliquée activement. Le projet bourse est une excellente initiative, et je souhaite qu'il se poursuive pour aider à ouvrir des portes à d'autres jeunes, comme moi.

MYLÈNE VIOLETTE

Pour les religieuses et les employés, la visite de la Ferme du Parc-Nature du Cap-Saint-Jacques fut un encouragement, **un élan pour aller de l'avant dans notre projet** de réinsertion des jeunes en difficulté, ici à l'Accueil du Petit Lac. Cette expérience a permis de créer des liens encore plus solides entre les employés et le personnel religieux.

FRANÇOISE SÉGUIN ET MARIE-REINE PERREAULT

Denis Auger, Jacqueline Brodbeck, Nicolas Brodbeck Patrick Celier, Jean-Eudes Chouinard, Collectif Des Jeunes Adultes, Johanne Côté, Gilles Desjardins, Réjean Desjardins, Thérèse Deslauriers, Jeanne Filiatrault†, Raymond Gourde, Jacques Grégoire, Paul-E. Jean, Rachel Jetté, Jeannine Lacroix, Sébastien Landry, Monique Laroche, Pierrette Laverdure, André LeBlanc, Lise Lebrun, Linda Malo, Florence Mercier, Julie Monette, André Newman, Pierrette Ouellette, Andrée Painchaud, Gaétane Poulin, Denis Prescott, Stéphane Rivard, Gilane Roy, Fernando Seguel, Mariette Thibodeau, Michèle Thémens, André Trudel, André Vidricaire.

Trois facteurs de réussite

1 L'intériorité

D-Trois-Pierres, un tel nom est, pour ainsi dire, baigné d'une *aura*. Toutes les réalisations, toutes les pratiques développées au fil des ans s'imprègnent d'une même émanation. Dans chaque pratique apparaît une force nouvelle, laquelle provient des forces des pratiques précédentes, comme l'illustre le schéma suivant :

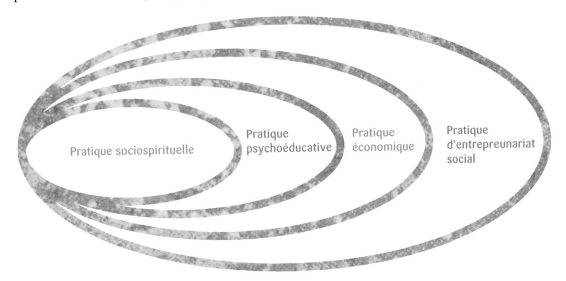

Pratique sociospirituelle

Pratique psychoéducative

Pratique économique

Pratique d'entrepreunariat social

Ce qui rend compte de cette intégration, voire du dépassement d'une pratique par rapport à l'autre, c'est le fait de la présence d'une **force originelle**, que l'on nomme **intériorité**. L'intériorité active toutes les pratiques de D-Trois-Pierres et en délimite son horizon spirituel.

Ainsi, le projet passe :

1. **D'une approche de l'intériorité où la foi au Dieu de tous les possibles** s'exprime dans des moments de prière et de réflexion avant les repas, de célébrations, d'engagements sociopolitiques dans un quotidien où se rencontrent des personnes de cultures différentes : jeunes de la rue, religieuses, intervenants, membres d'un organisme parapublic (CUM) ;

2. **à une approche de l'intériorité où la foi en l'humain, création de Dieu,** fait que les rituels socioreligieux vont céder la place à des rituels centrés sur la personne et sa croissance personnelle (la pratique psychoéducative). L'être humain est habité de forces insoupçonnées pour **se développer, même** en présence d'événements déstabilisants, de traumatismes sérieux, de conditions de vie différentes ;

3. **puis à une approche encore plus large de l'intériorité où la foi en la Nature** accentuera une vision écologique et cosmique rentable économiquement, fructueuse, humainement et socialement et, par analogie, spirituellement ;

4. **pour en venir à l'approche actuelle de l'intériorité, où la foi ne demande qu'à se propager** en lien avec d'autres et en d'autres lieux, pour devenir une force d'entrepreneuriat social.

D-Trois-Pierres appartient au monde de la foi plutôt qu'au monde de la croyance, lequel s'exprime dans la pratique d'une religion. La foi se définit par un faire confiance, se fier, marcher sans tout connaître du chemin. En ce sens, D-Trois-Pierres est porteur d'une vision de foi.

Une vision n'est pas un commandement, un dogme, une morale, **c'est une orientation à suivre, un regard à poser, des valeurs à partager.** Et l'expérience de cette vision de foi s'incarne dans des « pratiques différentes » auxquelles correspondent différentes phases.

Ainsi dans la **phase de la fondation**, c'est la **force sociospirituelle** qui lance le mouvement.

Dans la **phase de l'expérience du soi**, c'est la **force psychoéducative** qui assure une autonomie personnelle.

Dans la phase de **l'expérience écologique, humaniste et cosmique**, c'est la **force économique**, levier d'autonomie personnelle et sociale. L'organisation devient entreprise d'insertion.

Enfin à la **phase de la solidarité**, c'est la **force de l'entrepreneuriat social** qui agit au sein de l'entreprise.

Le mot « sens » évoque à la fois la notion de direction et de signification. Si l'on s'attarde à la notion de direction en posant la question : que visaient les fondatrices en créant un projet incarnant leur charisme d'éducation libératrice ? Rien de moins, il semble, qu'un écho à la parole du prophète Isaïe (*Is.*61,1). Cette parole, réinterprétée dans le contexte d'aujourd'hui, peut se traduire ainsi : des personnes exclues du marché du travail ou marginalisées deviennent des employés, sans distinction de statut, de rôle et de tâche, au service du public. Donc, par l'entreprise d'insertion, ils participent, en toute dignité, à l'évolution sociale et économique de la société.

À la question : quelle signification peut avoir, pour ces personnes, l'entrée dans un cheminement personnel et professionnel qu'elles poursuivront tout au cours de leur vie ? Les témoignages de ce livre apportent une variété de réponses.

Mais les deux grandes forces qui traversent les 20 ans de D-Trois-Pierres, sont, d'une part, la reconnaissance d'un Plus Grand que soi qui intervient dans son Histoire. D'autre part, la reconnaissance de l'être humain porteur d'un ressort invisible, porteur d'intériorité. En effet, l'être humain porte en lui l'humanité et il a la mission de rendre visible une caractéristique de cette humanité de façon unique et singulière, qui est à la fois LUI et plus grand que LUI.

Et si l'utopie de la vision de foi de D-Trois-Pierres, véhiculée entre l'intérieur et l'extérieur, portée par des individus et le groupe avec plus ou moins d'intensité, **n'était qu'un pâle reflet de l'être humain humanisé humanisant ?**

J'ai eu le bonheur de faire le premier jardin... Les expériences ont été diverses, mais ce qui m'a le plus touchée, c'est tout ce que ce jardin m'a apporté intérieurement... J'ai développé la patience et le respect de la croissance de chaque plante; j'ai aussi appris que chaque personne a également sa croissance personnelle... et que rien ne sert de tirer sur la plante, nous ne faisons que la faire mourir. Le plus beau des cadeaux, c'est d'avoir été touchée par ce jardin d'une façon divine, d'une transformation profonde au niveau de l'amour. J'ai profondément aimé ce jardin et le jardin me l'a bien redonné. À mesure que je transformais ce jardin, je me sentais transformée en retour. À la fin de l'été, je n'étais plus la même. THÉRÈSE DESLAURIERS

En cultivant la terre, en travaillant de nos mains, on laboure, nourrit, désherbe notre terre intérieure.
JEANNE FILIATRAULT

MOI, CE QUI ME REVIENT DES SOUPERS, c'est qu'au début on lisait toujours une petite pensée qui nous apportait une réflexion. Je n'avais jamais vu cela ailleurs.
STÉPHANE RIVARD

L'un d'eux lisait une pensée, puis ils partageaient leurs préoccupations et ils voulaient savoir les nôtres aussi. **JEANNINE LACROIX**

Ma violence, je l'ai
travaillée avec le cheval
le plus dur et le plus
agressif de la grange…
Fernando me disait : en
étant doux avec le cheval,
tu deviens doux avec toi…
J'ai des représentations
de chevaux chez moi.
Ils viennent me chercher
et moi aussi j'ai trouvé une
manière d'aller les chercher.
Je sentais la bonne
énergie du cheval
et cette énergie était
aussi au-dedans de moi :
c'était la douceur.

ALAIN BRULOTTE

69

À tous les matins, matin après matin, quand tu sors de l'autoroute 40 ouest et que tu prends le chemin de l'Anse à l'Orme ; quand tu rentres dans le parc, (...) c'est le dépaysement : tu fais face à toi-même. ALAIN LESSARD

Ne vous laissez pas embarquer... Négociez. Tenez-vous debout. Ne perdez pas votre identité. En effet, quel que soit l'aménagement, est-ce que le jeune demeure le premier, est-ce fait pour lui et est-ce lui qui va en retirer un bienfait ? LISE LEBRUN

Il fallait que je brise les chaînes, que je sois moi, peu importe les parents, la famille, la société. CAROLINE LEBLANC

J'ai eu le déclic de lâcher tous les médicaments. Je l'ai fait, je m'y suis habitué, j'allais mieux. À D-Trois-Pierres, tu es libre d'évoluer comme tu veux, mais si tu veux seulement, tu vas t'en sortir. À mesure que tu prends tes décisions, tu acquiers une stabilité de l'esprit.
STÉPHANE GOSSELIN

L'intériorité, cette force d'agir, de faire des choix qui habitent l'être humain et assurent sa croissance dans la connaissance de lui-même.
FERNANDO SEGUEL

J'ai appris beaucoup avec les jeunes, je pense que ça été fifty-fifty. Je me suis questionné sur ce que je cherchais, j'ai appris à voir que des fois mon ego se gonflait, que j'avais besoin d'amour. FERNANDO SEGUEL

70

L'important c'est la vérité envers soi-même. Savoir que, dans chacun de nous, il y a une âme, on est comme le récepteur d'une radio. La radio, il faut l'allumer, si le bouton est à « off », même si on va crier dans l'église pour demander à Dieu de nous sauver, il ne nous sauvera pas. C'est à nous de faire le travail. Quand les gens viennent me voir, il faut qu'ils prennent leurs responsabilités. Je reflète seulement, je suis le miroir. FERNANDO SÉGUEL

Il y a une partie de moi qu'il faut donner, mais qui ne vient pas de moi. **Ça se fait dans une rencontre intime,** hors du temps, sans préoccupation de rendement... où je laisse des forces plus grandes que moi agir. Il s'agit de créer un moment de partage intime à l'intérieur duquel il y a un espace où le passé n'existe pas, le mental n'existe pas. Ce n'est pas moi qui décide de cet espace. À l'intérieur de moi, je dis à Dieu : fais de moi un instrument de ton amour... de ta paix... un canal de ton énergie divine. Je passe une commande, je m'oublie et j'écoute. C'est là que ça se passe. Si je laisse honnêtement, sincèrement une seconde d'abandon total, je pense qu'il va s'en faire plus que si je suis là, avec mon mental, à travailler pendant 10 ans. C'est ce à quoi je crois : le lâcher prise. Ceux qui l'ont senti, ils l'ont à vie. Ce sont des contacts à vie. Pour moi, ceux-là ont connu un succès. C'est sûr, qu'à ce moment, on est les premiers bénéficiaires de l'aide qu'on donne. **DENIS AUGER**

Lorsque j'ai offert d'écrire sur mes expériences de relation avec moi-même, les autres et le Grand Esprit, initialement, je pensais écrire sur eux séparément. Après avoir pris en considération mes croyances, mes principes et mes émotions, j'ai réalisé qu'ils sont reliés entre eux comme des frères de sang, partenaires d'affaires, comme le soleil et la lune et plusieurs relations jumelées. Chacune de ces trois relations va nourrir la suivante comme une vague sur l'eau qui va faire bouger le courant dans sa direction. **DIANA MARTINEZ**

Le calme des grandes marées qui amènent des trésors insoupçonnés et se retirent pour amener aux abysses leur silence. Va naître une fin en soi, mais qui n'est qu'un début.
JULIE GOUGEON

À la différence de l'entrepreneur privé qui attribue à son intuition un obstacle surmonté, une difficulté résolue ou encore une impasse vaincue, comme entrepreneur social, je vais parler de Providence. Telle est ma fibre éthique. En tant qu'administrateur, dirigeant et entrepreneur, j'ai la ferme conviction que, si je fais bien ce que j'ai à faire, si je fais tout ce qui est possible et tout ce qui est en mon pouvoir, et si je me trouve dans une impasse, le collectif va en sortir gagnant. La Providence veille. **La Providence veille sur une réalisation collective** qui dépasse largement ce que je fais. En effet, ce bien est une richesse collective qui ne m'appartient pas ; ma fonction ne consiste qu'à la faire fructifier. J'ai connu très souvent des situations comme ça. On ne peut plus payer personne, on n'a pas d'argent et la marge de crédit est à zéro. On fait quoi ? Puis... on va à la poste et on a 3 000 $. On est bon pour trois semaines. Tu te frappes à un mur, mais tu découvres qu'à côté, il y a une grande ouverture qui t'est offerte. Dans le privé, quand tu es dans une impasse, c'est l'écrasement parce que c'est l'individu qui est directement concerné. Pour avoir été dans un cul-de-sac dans le privé, je fais le parallèle suivant : le mur est là, le doute s'installe et l'ouverture est limitée parce que tout est rapporté à ta sécurité et à ton bien-être personnel.
ANDRÉ TRUDEL

Bâtir une nouvelle vision du monde et des personnes est selon moi ce qui distingue le plus l'organisme d'insertion qu'est D-Trois-Pierres. Quand je relis son Histoire, je découvre un vécu spirituel qui apporte à la société d'aujourd'hui ce nouveau regard. Dans un monde bâti sur la réussite, le pouvoir, la domination par l'argent, la personne apprend chez D-Trois-Pierres à aimer l'environnement, à respecter le travail de l'autre et à découvrir ses possibilités. On apprend les uns des autres. On apprend la voie de la dignité, de la fraternité,

74

de l'amour désintéressé, quelles que soient ses limites et ses blessures. La liberté est offerte à toutes et à tous. Apprendre à grandir ainsi, c'est découvrir une parole provenant du dehors, mais capable de pénétrer aux profondeurs de l'être là où il n'y a plus de barrières. C'est aussi apprendre à célébrer la Vie qui jaillit dans le groupe à travers différentes activités devenues des rites de célébration au rythme des saisons : temps des sucres, balades, soin des animaux, jardin cultivé, récolte des fruits et légumes, Fête de la moisson, autant de manifestations de la beauté et de la grandeur de l'humain dans la Nature. C'est un apport précieux que D-Trois-Pierres apporte à la société d'aujourd'hui, une qualité de présence qui permet à toute personne de sortir grandie de son expérience, et forte de la certitude d'être aimée pour ce qu'elle est, avec de multiples ressources à mettre au service de la société.

Mariette Thibodeau

2 L'écoformation

PAS DE VOYAGE INTÉRIEUR sans voyage extérieur dans l'univers naturel et dans le monde social. L'un et l'autre se conditionnent. S'il n'y a pas d'ouverture et de lien concret avec le milieu physique et social, l'être humain meurt à lui-même. Aussi, outre les rapports avec soi-même, il existe un autre rapport avec l'environnement physique, qui est son appartenance à un écosystème qui l'affecte, le touche et le forme. L'être humain est en relation de grande dépendance matérielle avec son environnement, liens de parenté physique qui conditionnent le psychique. L'enjeu pour tout être humain est de découvrir et de développer ses liens spécifiques de parenté matérielle, et ce faisant, de construire le milieu de son bien-être.

À D-Trois-Pierres, l'acquisition de ces savoirs vitaux se fait par une immersion dans un milieu de travail. Il s'agit d'apprendre autre chose sur soi, sur les choses et sur la société. Cette approche par immersion postule que cette expérience de relations concrètes, dans un environnement physique et social qui a ses exigences, oriente la façon d'être de ceux qui choisissent de vivre l'expérience, transforme leur conduite et leurs comportements, favorise le développement de leur personne et de leur manière de voir et d'être au monde.

Apprendre en travaillant? Il ne s'agit pas d'un apprentissage sur le tas, mais d'une expérience d'immersion *avec* et *dans* un environnement matériel et social qui accompagne et soutient, où tous et chacun partagent diverses activités et responsabilités. Cette implication concrète dans les tâches à réaliser, les biens à produire, les services à donner et la gestion de l'organisation est une occasion pour la personne « de se vivre dans sa totalité ». Dès lors, les limites ne sont plus des impossibilités d'agir, mais font partie des défis à relever et les personnes tentent de donner le meilleur d'elles-mêmes pour produire du bel ouvrage.

À D-Trois-Pierres, les gestes les plus simples et répétitifs de la vie sont non seulement des savoirs d'usage, mais aussi un mode de vie, une manière d'exister dans un univers physique qui a ses lois et sa valeur propre. En effet, l'univers est fait de périodes de renouvellement qui suivent un ordre immuable, un cycle qui rythme les activités élémentaires du travail humain. À ce temps cosmique se greffe le temps biologique : pour se nourrir, l'homme doit prendre en compte le cycle des espèces végétales et animales, leur aménagement, leur protection, leur contrôle et donc établir de nouveaux rapports de coexistence avec la nature. À la sortie d'une séance de bouillage de l'eau d'érable, par un soir de mars, au Cap-Saint-Jacques, *le ciel est tellement beau qu'on tombe à genoux même dans la neige!* Amalgame du cosmique et du sacré? Depuis toujours, les astres guident les humains pour le temps des semailles et des récoltes et, au gré de chaque culture, donnent lieu à des rituels : les repas de cabane à sucre au printemps, la fête de la moisson à la fin de l'été, Halloween et ses citrouilles à l'automne…

Plus qu'un décor, la nature est une force qui permet de faire des liens entre la connaissance de la terre et la connaissance de *sa* terre, la connaissance de soi. Le travail agricole, une immersion dans les cycles cosmiques et biologiques, provoque un changement d'habitudes, un départ vers un autre soi-même.

Depuis la fondation de D-Trois-Pierres, l'engouement pour le « bien manger » augmente d'année en année. L'horticulture, développée en vue de nourrir sainement individus et familles, par une distribution hebdomadaire de paniers de légumes (ASC), répond à un besoin de notre société. L'apprentissage de la culture d'un jardin à partir des semis en serre, jusqu'à la récolte en serre et dans les jardins, donne aux jeunes employés en formation un savoir qu'ils peuvent partager avec des visiteurs toujours plus nombreux. Ils sont à la fois étudiants et enseignants. La culture maraîchère nécessite en effet l'acquisition de plusieurs savoirs : variétés de légumes et rotation de leur culture ; semis en serre et plants repiqués ; arrosage, binage, sarclage ; insectes nuisibles ; insecticides, additifs et colorants ; récolte et distribution.

Biologique dès le début dans sa production maraîchère, D-Trois-Pierres veut le devenir dans une production céréalière afin que ses compagnons de ferme, les animaux, participent eux aussi à ce « bien manger ». Pour ce faire, il faut enseigner d'autres apprentissages : drainer, labourer, épandre du fumier, assurer une bonne rotation des terres, semer du mil, du blé, de l'avoine et du seigle, faire les foins, battre les grains et les moudre.

Dans une société spécialisée, l'être humain peut se sentir morcelé. Retourner à la réalité de cultiver un jardin ou de gérer une ferme, travailler en horticulture et en agriculture est un mode de vie qui favorise la relation à la « Terre-Mère », aux autres et à soi-même.

D-Trois-Pierres œuvre sur des fermes d'animation éducative. Aussi, pour répondre à un public urbain très large qui, souvent, ignore tout des animaux de la ferme, l'organisme entretient maintes espèces : vaches, chevaux, moutons, chèvres, porcs, lapins, poules, canards, oies, pintades, émeus.

Ce qui intéresse D-Trois-Pierres, pour le public visiteur comme pour le personnel, c'est la relation de contact direct entre l'humain et l'animal. Chaque animal a ses caractéristiques, aussi, le commerce expérientiel avec chacun d'eux, de même que les émotions et les sentiments qui l'accompagnent, commandent le développement d'habiletés mais surtout d'attitudes appropriées.

Sur les quatre sites de D-Trois-Pierres, le personnel qui s'occupe et se soucie du bien-être matériel de l'entourage et de sa sécurité physique a une mission irremplaçable. Tâches de services et travaux d'entretien s'inscrivent dans un mouvement d'ensemble qui vise le développement du « bien vivre » d'une collectivité.

Les activités de maintenance et l'entretien ménager sont des services techniques remplis discrètement et souvent sont vus comme une activité sans importance. Cela fait « partie du paysage ». Pourtant, ces activités quotidiennes qui concernent tout le monde deviennent « du bel ouvrage » quand elles ont pour sens l'attention aux choses et le souci de l'entourage...

Écoformation, dans quel but ? Dans l'interaction avec l'environnement, il s'agit de trouver une manière d'être et de faire, pour vivre de façon harmonieuse entre les éléments physiques de la nature et soi-même en tant que personne. Cette formation matérielle expérientielle ne vise pas seulement à procurer à l'être humain tout ce dont il a besoin pour vivre. S'insérer dans son environnement, pour l'être humain, c'est connaître, prendre en compte, préserver l'espace et les hommes qui l'entourent.

Je me souviens de quelque chose du printemps. On allait ramasser l'eau d'érable. Les sucres, c'est un temps fort où tout le monde travaille ensemble. Chaque personne et toute la « gang » est à son meilleur.

L'été... C'est le soleil. Trente-quatre jours sans pleuvoir. Plein de chaleur. L'odeur des légumes, l'odeur de la ferme. Les gens sont plus de bonne humeur, plus joyeux.

À l'automne, il y a toujours du frimas dans l'herbe au lever du soleil. Tu marches et l'herbe craque. C'est silencieux, tu n'es pas réveillé, tu sors dehors, il y a du brouillard partout. Il fait froid juste assez pour que tu te réveilles.

Dans le temps du verglas, au commencement, c'était magnifique : durant les premières heures, les sapins, tous les arbres se balançaient dans les glaçons. Après, ça c'est gâté... Les vaches Highlands avaient épais de glace sur la peau, c'était spécial à voir ! LE COLLECTIF DES JEUNES ADULTES

81

En horticulture ça va bien. Ceux qui quittent, ce sont souvent ceux qui ont des problèmes de drogue, genre héroïne. Les autres, qui ont des problèmes de santé mentale ou de violence, persévèrent généralement. Nous avons à composer avec les difficultés de chacun sans les pénaliser. Si le jeune a besoin de parler, il va voir l'intervenant psychosocial. Nous, c'est un suivi dans le travail que l'on offre: leur donner du travail, les former, les suivre, les évaluer et leur apprendre le «bon geste». De plus, le CREP fait sa propre évaluation. Les jeunes sortent avec une certification de compétences acquises. MONIQUE LAROCHE

C'est très spécial quand tu entres dans la grange le matin. **Les animaux te reconnaissent.** Ils savent que tu viens leur donner à manger. Quand tu commences à brasser la moulée, ils crient chacun leur son. Ils embarquent l'un sur l'autre, ils se tiraillent, ce sont de vrais enfants. Tous les fermiers ont vécu cela.
LE COLLECTIF DES JEUNES ADULTES

Je trouve un peu difficile le côté «ferme d'animation». La plupart des citadins ont un rapport étrange avec les animaux, leur prêtent des sentiments humains; ils sont déconnectés de la réalité. La plupart des gens crient au meurtre quand on envoie un animal à la boucherie. Ils oublient que la côtelette d'agneau qu'ils ont mangée dans la semaine a été un petit agneau tout blanc, tout doux et tout frisé. MICHEL MASSUARD

Au-delà de tout, grâce à mes 500 000 abeilles et à D-Trois-Pierres, j'ai essaimé dans un monde nouveau, l'intervention sociale auprès de jeunes en difficulté, qui ajoute une nouvelle dimension à ma propre vie. GILLES DESJARDINS

Vous avez connu le Jonathan de Cornwall. Moi, c'est le meilleur laveur de vaisselle que j'ai jamais eu. **Mais il avait un caractère**, il suffisait que quelqu'un parle, il était capable de sauter sur un couteau de cuisine, puis lui mettre sous la gorge. Mais ce gars-là travaille maintenant à Ottawa. Il m'appelle : André, ça va bien, j'ai du travail. ANDRÉ NEWMAN

Je me souviens d'une jeune femme dépressive. On avait nettoyé les enclos ensemble. C'est beaucoup de travail pour une personne sous médication. Je l'avais simplement remerciée. Elle a eu un tel regard que j'ai pensé que ça devait être une des rares fois que quelqu'un lui disait : **« Merci, j'ai apprécié de travailler avec toi. »** C'était un être humain à qui je m'adressais, qui avait été étiqueté « dépressive ». Après un an, cette personne était méconnaissable ; elle était responsable de la cuisine, ailleurs qu'à D-Trois-Pierres. LINDA MALO

3 Le lien social réciproque

IL N'Y A PAS DE VOYAGE INTÉRIEUR sans voyage extérieur dans l'univers naturel et aussi dans le monde social. L'attachement d'un JE à un lieu, à un objet ou à un élément est un attachement à un TU. Il n'y a pas de JE sans TU. L'un et l'autre se conditionnent. Pas d'individuation sans socialisation.

Pour l'individu, la collectivité désigne tous les milieux « traversés » dans un cycle de vie, une séquence de phases faites de transitions plus ou moins normées. En fait, l'individu-acteur naît dans un milieu; puis il entre dans d'autres milieux, pour enfin (se) créer un nouveau milieu à partir de lui-même. Le milieu de naissance est un stade indépassable de formation qualitative de l'individu, à la différence des autres phases d'entrée dans un milieu et de création d'un milieu à partir de soi-même, milieux d'où l'acteur peut entrer et sortir sans nécessairement se changer qualitativement.

Les relations sociales peuvent être des espaces de liberté pour communiquer avec d'autres, participer et coopérer, à condition évidemment que la relation ne se réduise pas au seul échange utilitaire, mais soit aussi le lieu d'un échange social et émotionnel, d'aide et d'assistance, d'intérêts communs.

L'entreprise « sociale » est-elle un nouvel espace social en marge des grandes institutions et des appareils de l'État ? Une entreprise « sociale » est la démarche expérientielle d'une forme d'organisation sociale où chacun est un acteur à part entière. En effet, tous les acteurs, malgré la disparité de leurs fonctions, sont associés à la production d'un bien commun. Un membre du C.A. clarifie le rôle du profit dans une entreprise à but non lucratif : « *Parler de profit en économie sociale signifie non seulement la rentabilité de l'entreprise, mais aussi la production d'une plus-value sociale.* »

En effet, quelles que soient leurs difficultés, si les jeunes adultes se portent volontaires et sont donc auteurs de leur agir, l'organisme leur confie des responsabilités et les considère prêts à contribuer au développement de cette entreprise « sociale » tout en apprenant. Cette participation à un travail productif redonne confiance à la personne, rompt son isolement. Elle se sent utile, avec raison. Cette action conjointe fait des jeunes adultes des citoyens à part entière.

Quel système de relations structure la vie collective à D-Trois-Pierres ? D-Trois-Pierres, comme toute entreprise, est un organisme avec des fonctions et des charges statutaires diversifiées. Mais, impliqué dans l'économique et le social, D-Trois-Pierres ne veut pas être ramené à une « bonne œuvre ». Il se donne un mandat économique et social où l'administrateur, l'intervenant, le jeune employé, l'éducatrice religieuse, occupent une place dans l'organisation. Ces gens s'impliquent tous comme acteurs avec d'autres acteurs ; ils développent une concertation intragroupe JE, TU, NOUS ainsi qu'une communication entre groupes (partenaires/associés/coopérants).

D-Trois-Pierres multiplie en effet les rapports de partenariat, d'association et de coopération : CUM-Montréal, gouvernement provincial et fédéral, Club Richelieu, Boscoville 2000, CREP, CEIQ, Agricotours, Équiterre, MAPAQ, OCIA Québec, UPA, Union paysanne. La particularité de D-Trois-Pierres ? Outre les rapports fonctionnels,

D-Trois-Pierres est attentif à développer des rapports d'acteur à acteur, de personne à personne pour amener ces groupes externes à participer, à s'impliquer, voire à se « réseauter » dans sa mission sociale.

Des rapports intragroupes : pour les employés en formation, D-Trois-Pierres est une grande famille où chacun a sa place. Hanna est la grand-mère, Shanti, Jean-Pierre, Rachel, Fernando, Jean-Eudes, Marie-Pierre sont des modèles adultes, parfois dénommés tantes/oncles, mères/pères. Entre eux, ils sont des frères et des sœurs qui se « picossent », se donnent des claques dans le dos et se serrent les coudes, confiants que si ça va mal aujourd'hui, ça ira mieux demain.

Ce lieu familial est un lieu de remplacement et d'adoption. Certes, « *la société n'est pas une famille* ». Un lieu « familialiste » basé sur l'amour et la responsabilité en contexte d'entraide est aussi un espace public de citoyenneté basé sur le respect. D'autre part, à D-Trois-Pierres, les caractéristiques sociales de l'arrivant sont occultées. Il devient compagnon, employé, et s'approprie ainsi un pouvoir sur ses actes.

L'intervention à D-Trois-Pierres se vit davantage dans un rôle d'accompagnateur-guide que dans une relation aidé-aidant. Il y a *réciprocité éducative* entre l'employé en formation et l'intervenant qui apprend et reçoit tout autant qu'il transmet. La bonne distance professionnelle est différente de la hauteur, de la froideur, du contrôle sans motif, de l'absence d'engagement personnel. L'intervenant développe un rapport d'égalité qui favorise une connaissance de lui-même.

En tant que fondatrices, les Sœurs de Sainte-Croix, tout en demeurant « des Bonnes Sœurs », sont reconnues par D-Trois-Pierres comme les « gardiennes de la mission ». Pour bien remplir ce mandat, elles ont la possibilité d'entrer en relation avec la direction, les intervenants et les jeunes employé(e)s en formation dans des rencontres formelles et informelles. Il existe pour ainsi dire un lien de filiation entre les deux groupes, qui va au-delà du partenariat.

Cette expérience de nouvelles relations sociales avec d'autres individus et groupes pour créer ensemble une œuvre commune, qui articule l'économie et le social, s'inscrit dans un contexte de société peut-être en crise et certainement en mutation.

Est remis en question le miracle d'un État-providence qui gèrerait toutes les affaires de la société civile selon le modèle technico-économique de la rentabilité et de l'efficacité. L'économie ne peut supplanter le politique. La « rationalité » économique ne peut pas organiser à elle seule les rapports sociaux. Les biens sociaux tels l'éducation, la santé, le logement, l'emploi, la participation civique sont des droits fondamentaux que la société se doit de protéger et de soutenir.

Comment faire en sorte que chacun accède aux droits de tous ? Comment garantir ces droits ? En faisant par exemple passer, comme le suggère Jean-Marc Fontan, des services que monopolisaient les « appareils » de l'État-providence aux « réseaux sociaux » de la « communauté-providence ». On peut selon lui envisager une « *communautarisation de certaines fonctions de l'État-providence* », une « *reconnaissance politique et économique du secteur communautaire dans le domaine du développement de l'emploi, dont celui de l'insertion par l'économique* ».

Ainsi, à propos du droit à un emploi et à un travail rémunérateur qui demeure un enjeu de cohésion sociale et de dignité de chaque personne, ne faut-il pas voir dans l'action de l'entreprise « sociale » et du CEIQ l'émergence de cette communauté-providence ? L'entreprise « sociale » entend produire de la richesse, certes, mais au lieu du profit à tout prix, qui est souvent synonyme d'emplois précaires et sous-qualifiés, elle veut être une appropriation collective qui assure des emplois productifs, valorisants, formateurs et décemment rémunérés, et livre un produit de qualité, qui respecte l'environnement et est distribué équitablement.

Cette forme d'intervention mixte (c'est-à-dire à la fois économique et sociale) va continuer de progresser pour établir que toute entreprise exclusivement économique, et qui ferait donc fi du social, est une aberration.

La **notion de profit** est tout aussi, sinon plus, importante à D-Trois-Pierres que dans l'entreprise privée. La dissemblance entre ces deux entités ne se situe qu'au niveau du dessein et de la destination des profits générés. Pierre Lajeunesse

La Communauté urbaine de Montréal est un organisme public dont la mission n'était au départ aucunement liée à **un mandat de réinsertion sociale en partenariat** avec un organisme comme D-Trois-Pierres. Dans les années 1980, le partenariat entre un organisme municipal et un groupe communautaire était quelque chose à inventer. Jacques Grégoire

Même si les programmes gouvernementaux ont donné un coup de pouce à D-Trois-Pierres, ses responsables ont eu le grand mérite de comprendre que les organismes doivent se regrouper pour **travailler ensemble et développer** des partenariats viables.

Claudette Bertrand

Je ne savais pas comment aimer et accueillir l'amour que chacun me démontrait. Ça brassait à l'intérieur de moi. J'ai commencé lentement à me laisser apprivoiser, aimer, un peu comme le petit prince de Saint-Exupéry, et j'ai découvert une autre femme qui m'habitait. Je continue de cheminer avec Dieu et avec les autres, et je remercie la grande famille D-Trois-Pierres et tous les jeunes que j'ai rencontrés de m'avoir permis d'aller jusqu'au bout de moi-même dans un accueil inconditionnel, chaleureux et sans jugement.

Gaétane Poulin

Les nombreuses rencontres vécues avec la direction générale, les membres du C.A., les intervenants, les bénévoles et les partenaires ont été pour moi des «temps forts» d'ouverture à l'autre, d'enrichissement personnel et de solidarité dans la promotion et le développement de valeurs familiales, fraternelles, culturelles, sociales et spirituelles. PIERRETTE LAVERDURE

D-Trois-Pierres est une famille et, chaque fois que les gens se revoient, même si ça fait un an, cinq ans, on dirait que le temps n'a pas d'importance entre nous. JOHANNE CÔTÉ

L'heure des repas, c'était un moment fort. **Chacun échangeait, les jeunes se parlaient beaucoup.** Ils sentaient l'esprit de famille. Ils étaient comme chez eux, ils nous faisaient des taquineries. Ils n'avaient peut-être pas connu ce climat dans leur famille et faisaient l'expérience d'un « autrement dit », « autrement fait ». JEANNE FILIATRAULT

Des représentations et des perceptions collent à la peau de l'entrepreneur social. Œuvrer dans un secteur de l'économie sociale ou de l'action communautaire, c'est être vu comme un « missionnaire » auprès de personnes dites défavorisées. **Il y a une double étiquette qu'il faut défaire** pour reconnaître la contribution économique et sociale de tous les acteurs de l'organisme. Quand un ensemble d'individus étiquetés exclus, marginalisés et « poqués » assument la responsabilité d'un service public d'alimentation, d'animation ou d'entretien, toutes les étiquettes du préjugé social s'effacent, parce qu'il n'est plus possible de les différencier d'autres individus qui assurent le même service dans l'entreprise. **ANDRÉ TRUDEL**

Le fait de faire des travaux manuels n'est, pour moi, qu'un prétexte pour faire des échanges, parler puis intervenir progressivement. Dans le fond, c'est une relation d'entraide. J'apporte certains outils et les jeunes en apportent d'autres. À D-Trois-Pierres, on a un groupe hétérogène ; le fait de mixer ces différences crée une dynamique qui enrichit tout le monde, car on n'est pas tous pareils à radoter les mêmes choses et à rester dans un même ghetto... C'est un tissu social qui se refait. **LINDA MALO**

Chacun et chacune, à sa manière, est invité à apporter sa contribution pour bâtir une nouvelle vision du monde. Les éducateurs et les bénévoles ne se situent pas au-dessus des jeunes, mais consentent à s'ouvrir comme eux sur leur propre vulnérabilité et sur leurs désirs. C'est une façon très concrète d'incarner la vision de départ. **RAYMOND GOURDE**

L'être humain apprend à s'exprimer à travers les sons. On va du côté du lac, près de la maison Brunet et on essaie d'exprimer ce qu'on vit à travers la musique, à travers le rythme, sans mots pour commencer. Un rythme seulement. Alors, ça peut être la colère,

la tristesse, la tendresse, ça peut être n'importe quoi... Au lieu d'employer juste le verbal, la musique est une autre voie pour entrer en contact avec soi. FERNANDO SEGUEL

Privilégiant l'approche biopsychosociale, je considère que l'accompagnement doit prendre en considération trois dimensions à la fois, à savoir les capacités biologiques et les ressources physiques du jeune adulte, son potentiel psychologique et aussi l'environnement social dans lequel il évolue. SÉBASTIEN LANDRY

Je trouve cela bon qu'il y ait des rencontres le matin, cela devrait être de même dans toutes les entreprises, au moins une fois par semaine.

Le soir, de temps en temps, on faisait des soupers en gang. On chantait, tout le monde embarquait. Rachel était là, Fernando aussi, mais c'est Monique qui faisait embarquer le monde pour que l'on chante. Elle est bien bonne là-dedans.

La semaine il y avait des balades en carriole pour les groupes organisés ; la fin de semaine, c'était ouvert au public. Je préparais les chevaux, puis vers onze heures je commençais les balades jusqu'à la fin de la journée. Travailler avec le public était important. Je savais que je rencontrerais quelqu'un dans la journée qui me ferait du bien. En arrêt de consommation, c'est bon de se faire plaisir. Travailler seul dans un entrepôt, ce ne serait pas la même chose.

LE COLLECTIF DES JEUNES ADULTES

Intériorité, écoformation et lien social réciproque :
Coordonner les facteurs de réussite

D-Trois-Pierres a tout à fait sa place parmi les entreprises d'insertion qui sont membres du CEIQ. Cependant, ce qui le caractérise et l'identifie, ce sont ses ancrages spirituel, physique (naturel) et social au fondement et à l'horizon de l'expérience d'une pratique économique et sociale en constante transformation. Ces forces-énergies-valeurs ont servi et servent toujours de guide au sens (signification et direction) à donner aux diverses pratiques, et réciproquement. En effet, la transformation d'une pratique en une autre a permis et parfois nécessité d'expliciter les orientations, et donc d'approfondir la mission d'éducation libératrice. Aussi, entre ces trois forces et telle ou telle pratique existe un rapport dialectique basé sur une raison expérientielle qui sans cesse explore, découvre ou invente, puis communique ce qu'elle a exploré, découvert ou inventé sous la forme d'un « réseau d'espaces collectifs ».

Mais ces trois « facteurs de réussite » hétérogènes et hétéronomes sont difficiles à concilier, voire à articuler. Le travail accompli dans chacun d'eux doit contribuer à la construction des deux autres : elles se co-engendrent. Aussi, aucun de ces trois mondes ne doit s'imposer aux deux autres. Il faut donc veiller à consacrer du temps réel et concret avec soi, avec l'environnement physique et avec le milieu social.

Faisant nôtres les analyses d'ATD-Quart Monde, au lieu de hiérarchiser les besoins comme fait Maslow, en besoins primaires vitaux à satisfaire avant les besoins culturels et les besoins spirituels, qui deviennent subsidiaires, il faut prendre en compte et mettre ensemble les besoins et les aspirations d'intériorité, d'harmonie avec la terre, de reconnaissance sociale. De l'avis des militants : *Une personne peut avoir des besoins culturels même si elle n'a pas de quoi manger ou si elle n'a pas de toit. Ce peut être même la seule façon qui lui reste de se raccrocher à quelque chose. Lorsqu'on vit dans la pauvreté, l'accès à la beauté de la nature ou de l'art demeure un besoin profond. La culture est une nourriture essentielle pour l'être humain. Le matériel, au sens large, ne suffit pas à redonner de l'élan à une vie. Les gens ne se mettent pas en route pour cela. La difficulté, par exemple, que peuvent avoir des personnes en situation de précarité à prendre leur santé en main peut provenir d'une absence de but, d'un manque de finalité dans leur existence.**

Aussi est-il proposé, comme le fait ATD, de remplacer le modèle pyramidal des besoins tels que définis par Maslow par un disque où les trois forces-énergies-valeurs constituent la totalité de la personne :

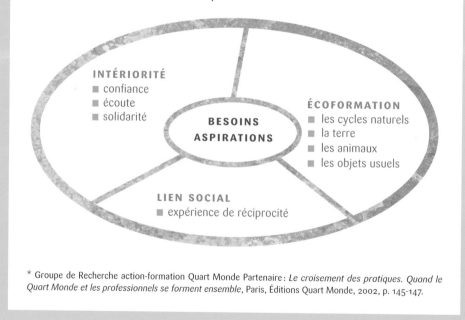

INTÉRIORITÉ
■ confiance
■ écoute
■ solidarité

BESOINS
ASPIRATIONS

ÉCOFORMATION
■ les cycles naturels
■ la terre
■ les animaux
■ les objets usuels

LIEN SOCIAL
■ expérience de réciprocité

* Groupe de Recherche action-formation Quart Monde Partenaire : *Le croisement des pratiques. Quand le Quart Monde et les professionnels se forment ensemble*, Paris, Éditions Quart Monde, 2002, p. 145-147.

Joseph-Fernand Dubé, Jacques Grégoire, Thérèse Giroux, Rachel Jetté, Stéphane Rivard, Gilane Roy, André Vidricaire.

Écrire Ensemble

1 Une démarche d'écriture collective

AU LIEU DE SIMPLEMENT CONFIER à un chercheur la tâche de rédiger l'histoire de AD-Trois-Pierres, ce sont ceux qui ont vécu, œuvré et exercé des rôles de décision qui ont ici été appelés à écrire leur histoire. Pour quelles raisons et dans quels buts cette histoire a-t-elle été écrite collectivement par les acteurs eux-mêmes?

1. Parce que chaque voix dans ce même espace public est unique. Aucune ne peut remplacer l'autre; elles sont toutes nécessaires et complémentaires.

2. Parce que des histoires collent à la peau de ces acteurs avant même que ne débute leur propre récit. Des filtres d'explication et d'interprétation leur sont appliqués, qui les définissent et les catégorisent. Tous **sont parlés** avant même qu'ils ne prennent la parole pour **se dire**. Selon Simone Weil : *C'est faux de dire que les gens « défavorisés » n'ont pas*

la science de leur malheur. Il faut plutôt dire que le malheur est muet face à ceux qui pensent et décident pour eux. Dire que les jeunes ne sont pas sans voix, qu'ils savent de quoi ils parlent, c'est reconnaître qu'ils ne sont pas sans savoir. Au lieu d'accéder à la connaissance de leur propre situation par le filtre de la grille des interprétations qui leur est appliquée, ils disposent de leurs propres mots pour se dire et pour dire avec d'autres.

3. Parce que leur prise de parole se veut un outil d'action, parfois empreint de passion, qui met en place les conditions pour susciter chez leurs interlocuteurs un intérêt réel à échanger, croiser des idées, instaurer un espace de dialogue, faire ensemble autrement et sans doute autre chose. Dans ce monde qui réduit la sphère publique du politique au socioéconomique, tout s'exhibe et se montre, mais personne n'apparaît (Arendt). Ici, des Je, des Tu, des Nous se racontent.

4- Parce que ces récits rendent compte d'une expérience nouvelle dans les manières de faire, le mode de vivre, les rapports avec les autres et ses aspirations touchant la qualité de vie, le développement durable, la foi en l'humanité, l'engagement, la coopération et la solidarité. Aussi, cette histoire raconte une expérience collective qui non seulement a une utilité économique et sociale, mais peut être vue comme une nouvelle forme d'existence collective…

La démarche choisie n'est pas l'application d'une théorie, mais plutôt l'expérimentation ouverte d'un nouveau champ de savoir. Il y a bien quelques procédures, mais comme ce sont les acteurs qui font la recherche, l'appui proposé par l'accompagnateur-chercheur est principalement de nature méthodologique : accompagner ces acteurs pour qu'ils deviennent les auteurs d'un dire et du savoir qui le sous-tend, favoriser un espace de parole pour se dire, puis dire à d'autres, inciter à écrire ce contenu expérientiel pour qu'il soit lu et croisé à d'autres lectures.

À chacun, il est demandé de raconter ses expériences, les motifs et les valeurs de son engagement. La variété des visions, des pratiques et des intérêts respectifs donne lieu à des récits singuliers : ceux des jeunes adultes, des partenaires, des membres du Conseil d'administration, du personnel, les bénévoles, les Sœurs de Sainte-Croix, voix qui font apparaître maints aspects irremplaçables d'une histoire commune.

Croiser nos récits pour penser ensemble l'histoire de D-Trois-Pierres a consisté à partager les récits des six sous-groupes. Lors d'une rencontre d'échanges des savoirs, chaque sous-groupe a fait connaître ses questions et ses commentaires sur les cinq autres récits. Le but est de susciter une dynamique d'échanges de paroles et d'idées, et aussi une activité réflexive collective sur ce qui s'est fait, la façon dont les acteurs l'ont vécu et le sens à donner à ce nouvel espace social. Pour ce faire, sont proposées, en alternance avec des activités de réflexion critique et d'analyse en sous-groupes, trois activités en grand groupe : une première pour démarrer ce croisement, une seconde pour échanger les récits et les savoirs, et une dernière pour faire la synthèse d'une histoire commune.

Il fallait fournir un accompagnement approprié et différencié à chacun des sous-groupes et tout particulièrement au sous-groupe des employés en formation, qui doivent avoir droit aux mêmes conditions d'expression. Un accompagnement spécifique s'avérait nécessaire pour que le croisement des savoirs se fasse dans un espace d'égalité, de parité et de reconnaissance mutuelle et donne lieu à une production vraiment collective de l'histoire de D-Trois-Pierres.

En octobre 2002, D-Trois-Pierres a offert au Cap-Saint-Jacques une activité en grand groupe, fondée sur la méthode du croisement. Les animateurs en étaient Claire Héber-Suffrin, fondatrice du Mouvement des échanges réciproques des savoirs (MERS) et Marc Héber-Suffrin, son conjoint, qui a signé avec elle de nombreux livres. La rencontre débute par un exercice où chaque participant nomme ses ignorances et ses savoirs, ses « demandes » et ses « offres ». Puis, Claire et Marc montrent comment les offres et les demandes se croisent, de quelle manière tous et chacun enseignent et apprennent, et en quoi ces échanges réciproques de savoirs deviennent une expérience de création de liens égalitaires. C'est ce même type d'échanges qui a été proposé pour l'élaboration de l'histoire de D-Trois-Pierres.

Une formation continue, rémunérée à raison de 15 jours répartis de septembre 2002 à juin 2003 a été offerte à un groupe d'anciens employés en formation, avec l'appui des Services aux collectivités de l'UQAM, qui accorde une ressource professorale équivalant à une charge de cours. Dans un premier temps, le contenu de la formation visait à développer une attitude de compréhension et d'interprétation exploratoire de ce que les autres sous-groupes cherchent à dire dans leur récit : le point de vue de l'un n'est pas le point de vue de l'autre. Dans des rencontres d'échanges avec un représentant de chacun de ces groupes – André Trudel, Jacques Grégoire, Fernando Séguel et André LeBlanc –, ils approfondissent leur travail d'analyse. Dans un deuxième temps, pour se préparer à la rencontre qui porte sur le croisement des savoirs, ils rédigent une synthèse de leur propre récit à présenter au grand groupe.

Une activité de trois jours de travail en grand groupe s'est déroulée au Petit Lac Nominingue, en février et mars 2003. Plus de 40 personnes ont participé à ce croisement animé par Claire Héber-Suffrin et les accompagnateurs. Il s'agissait de rechercher les thèmes transversaux en vue de la rédaction de l'histoire commune de D-Trois-Pierres.

En cours de rédaction, D-Trois-Pierres reçoit trois invitations : l'une à l'UNESCO, à Paris, au séminaire intitulé « *Éducation pour la transformation : questionnons nos pratiques* » (novembre 2003) ; une autre à un séminaire sur « *Les méthodes innovantes de reconstitution de l'histoire d'une organisation sociale en insertion socioéconomique* », organisé par la Chaire de recherche en insertion des personnes sans emploi de l'UQAM (janvier 2004) ; une troisième, au 11e symposium du Réseau québécois pour la pratique des histoires de vie (septembre 2004). Ces participations à des rencontres locales et internationales ont pour effet, petit à petit, de faire prendre conscience que l'expérience singulière de D-Trois-Pierres et la manière dont elle construit collectivement la rédaction de son histoire ont un intérêt social.

La difficulté est de trouver comment « montrer » par les paroles des acteurs eux-mêmes une démarche expérientielle singulière qui aurait une résonance sur d'autres lecteurs. Bref, comment faire de cette « histoire locale » un *livre de références* et, donc, comment présenter une histoire de D-Trois-Pierres à plusieurs voix qui soit en même temps une source d'informations et d'inspiration utiles, pertinentes et novatrices aussi bien pour des jeunes adultes et leurs parents que pour les éducateurs et les décideurs politiques et sociaux. Le 5 mars 2004, une rencontre de consultation de chercheurs et d'intervenants praticiens – Marielle Breault, Marie-Hélène Chartrand, Jean-Marc Fontan, Pascal Galvani, Gilles Gendreau, Gérald Larose, Lise N. Leroux, Carlos Milani, Michel Parazelli, Micheline Piotte et Denis Prescott – se tient à la Chaire de recherche en insertion des personnes sans emploi (UQAM) et suscite des échanges à Montréal et à Rimouski.

Dans un cadre initial de références (Lindqvist, Pineau, Héber-Suffrin et ATD), il a été possible de trouver un modèle d'histoire où le récit et l'interprétation sont les points de vue des acteurs eux-mêmes ou du moins cherchent à s'y conformer. En effet, c'est ce travail autobiographique qui a permis de faire apercevoir qu'outre l'intériorité, l'éco-formation et le lien social réciproque sont les facteurs coprésents aux diverses formes de pratiques.

Je ne sais pas s'il est possible de vraiment écrire un texte commun. D'hier à aujourd'hui, personne ne l'a fait. Les évangélistes ont chacun écrit un texte différent. Cependant, il nous est possible de faire des liens forts, de les rassembler. JOSEPH-FERNAND DUBÉ

À travers cette histoire où l'on voit se recouper les expériences des jeunes, du personnel, des bénévoles, des partenaires, de la Communauté urbaine de Montréal, des membres du Conseil d'administration et des Sœurs de Sainte-Croix, **on découvre une grande sérénité**, un grand bonheur, mais aussi un recommencement de tous les jours. Une histoire qui met en valeur cette démarche de civisme de haut niveau et qui fait voir les instants heureux et les passages difficiles, les défaites et les victoires, les périodes de découragement comme les moments d'exaltation. JACQUES GRÉGOIRE

Au gré des rencontres, **j'ai osé montrer tous mes défauts**, ou presque, aux autres participants à l'écriture du livre. De voir qu'ils me faisaient confiance et qu'ils ne me jugeaient pas m'a donné le goût de retourner voir en moi pourquoi je ne me sentais jamais bien dans un groupe ou au travail. Comme un ruisseau qui se faufile au gré des éléments de la nature, petit à petit, j'ai brisé mes résistances, qui ont été absorbées par des éléments humains. GILANE ROY

Le projet d'écriture m'a aidé à explorer mes talents créatifs et mes possibilités de communication, **à faire tomber mes préjugés** et, surtout, à me sentir le droit d'être moi-même avec moi et avec les autres. Pɪᴇʀʀᴇ Dᴜᴍᴀs

Nous avons appris à travailler des textes. À exprimer par écrit ce qui nous venait à l'esprit. Nous avons appris à résumer, à reformuler nos idées selon des thèmes particuliers. Mais le plus important, c'est que nous avons appris à parler de nous, tout en écoutant les autres. Le cœur guéri s'attarde à aider celui qui souffre encore... Mais l'altruisme n'est pas ma seule motivation. En publiant mon expérience, c'est comme si je m'en libérais. Sᴛᴇᴘʜᴀɴᴇ Rɪᴠᴀʀᴅ

Mon rôle en a été un d'écoute et d'accompagnement. J'étais à l'écoute des paroles, et aussi des pleurs des jeunes adultes lorsque les sujets les touchent plus, les chavirent, mais les amènent aux prises de conscience nécessaires à toute croissance. **Il faut toujours être sensible aux participants** plus silencieux, afin qu'ils apportent au groupe leurs réflexions. Ces apports enrichissent tout le groupe. Accompagner, c'est laisser la place aux vrais acteurs, aux auteurs véritables. Tʜᴇʀᴇsᴇ Gɪʀᴏᴜx

2 Postfaces

PIERRE BOURQUE
Chef de l'opposition officielle, Ville de Montréal

C'est avec plaisir que je vous transmets cette postface à l'intention du livre de l'histoire collective de D-Trois-Pierres, car le rôle de D-Trois-Pierres dans la réinsertion sociale à Montréal est digne de mention.

J'ai été amené à connaître l'œuvre de D-Trois-Pierres grâce à mon amitié avec monsieur André Trudel, que je connais et admire depuis plus de 30 ans.

Les problèmes sociaux d'une ville de l'étendue de Montréal sont considérables et souvent les aides apportées par les gouvernements et les municipalités pour résoudre ces problèmes sont très mal adaptées, et l'on voit malheureusement plus d'échecs que de réussites dans les efforts de réinsertion sociale et économique de milliers de jeunes et moins jeunes.

La connaissance et l'apprentissage de la nature offre des pistes de solution et des perspectives d'épanouissement exceptionnelles pour les jeunes déstabilisés dans la jungle urbaine.

J'ai été fasciné par l'extraordinaire accomplissement de D-Trois-Pierres au parc nature du Cap St-Jacques, et j'ai pu constater à quel point ce projet d'accueil, d'animation, de restauration et d'entretien répondait aux besoins de loisirs en plein air de la communauté montréalaise.

Voici donc une entreprise de partenariat avec une institution publique, la Communauté urbaine de Montréal et maintenant la Ville de Montréal, qui offre des services d'administration et d'éducation remarquables à des coûts minimes.

Cette expérience réussie m'a fortement impressionné, et représente pour moi une rupture avec les méthodes traditionnelles des relations d'une ville et de ses employés avec ses citoyennes et citoyens.

JEAN-MARC FONTAN

Département de sociologie, UQAM
Co-tuteur de la Chaire sur l'insertion socio-économique des personnes sans emploi

Le livre nous montre clairement que l'insertion sociale dans la société québécoise ne va pas de soi. L'insertion est un processus interactif où nombre de facteurs entrent en ligne de compte dès la petite enfance. L'insertion manquée conduit à l'exclusion, à une certaine forme de galère de laquelle l'individu s'extirpe très difficilement.

L'expérience relatée sur D-Trois-Pierres constitue un apport important au développement des connaissances sur le couple exclusion-insertion et sur des initiatives réalisées par des individus, des collectifs ou des organisations pour permettre à des personnes exclues ou en voie d'exclusion de faire partie à part entière de la société québécoise.

La méthode de l'écriture collective utilisée pour raconter et présenter l'histoire de D-Trois-Pierres est une contribution incontestable à la boîte méthodologique du paradigme méthodologique qualitatif. Sans prétention en ce qui est de produire un savoir bancaire, cette méthode repose sur le principe qu'un savoir doit premièrement être approprié par soi avant d'être largement diffusé.

Dès lors, la proposition méthodologique consiste à développer un partenariat au sein d'un collectif d'écriture qui rend possible et efficace la mobilisation des ressources nécessaires à l'élaboration du projet d'écriture. Le collectif met alors en scène des experts en fonction des expertises qui ont meublé l'histoire de l'initiative étudiée.

Parfois l'expert est un participant qui relate son récit. Parfois l'expertise se canalise au sein d'un des groupes d'écriture. À d'autres moments, l'expertise est détenue par des intervenants ou par des membres fondateurs de D-Trois-Pierres ou d'autres personnes qui ont eu un rôle à jouer dans l'histoire de cette organisation sociale. Enfin, l'expertise est aussi celle d'universitaires qui savent être discrets, qui entrent en scène au moment opportun en sachant qu'ils doivent rejoindre l'ombre des coulisses lorsqu'il le faut.

Pascal Galvani

Université du Québec à Rimouski

En lisant *Quand les agirs parlent plus fort que les dires*, on comprend que tous les participants à cette aventure ont eux aussi retrouvé la fierté de participer à une action visant la vie bonne avec et pour autrui dans des instituions justes… (Ricoeur, 1990).

Grâce à la mise en dialogue des histoires de vie de tous les membres de D-3-Pierres et à l'analyse qu'ils en on fait, on voit aussi se dessiner les trois grandes orientations qui structurent la démarche de D-Trois-Pierres : l'intériorité, la réciprocité et l'écoformation. Ces trois dimensions me semblent particulièrement importantes dans la mesure où elles illustrent de manière originale les trois grandes polarités de la formation (Pineau, 2000) :

- l'autoformation dans la relation à soi comme conscientisation,
- la socioformation, dans la relation coopérative et réciproque aux autres,
- l'écoformation dans la relation aux éléments, aux animaux, et à l'environnement naturel.

Ce livre collectif apporte ainsi des éléments précieux tant sur le plan de la démarche suivie que sur celui des résultats obtenus. C'est pourquoi je suis heureux aujourd'hui de saluer cette nouvelle expérience de dialogue où des acteurs sociaux ont parlé et pensé ensemble au lieu de parler sur les autres ou de penser pour les autres. Ici, chacun se nomme, chacun tente de comprendre son expérience vécue dans un véritable travail du lien social ; c'est ce qui fait toute la richesse de ce témoignage, qui, je le souhaite, suscitera d'autres vocations et d'autres projets.

GILLES GENDREAU

Psychoéducateur

Quand André Vidricaire m'a demandé si j'accepterais d'écrire une postface, je me suis d'abord dit qu'il me faudrait dégager l'essentiel d'un texte aussi songé, dense et engagé, le camper simplement en quelques lignes, et y ajouter un peu d'humour! Même si ce n'est guère mon genre et au risque de perdre un peu de ma respectabilité, j'ai eu le goût d'emprunter à un intervenant cette exhortation, issue du terroir québécois, qu'il lançait à la toute fin d'un colloque des Centres jeunesse du Québec: « Et maintenant que les bottines suivent les babines! ». En d'autres termes, après avoir lu le livre, j'aurais pu me contenter de souhaiter que les agirs continuent d'engendrer les dires.

Je ne crois pas être le seul à m'être interrogé sur le sens du vocable D-Trois-Pierres. Voilà un nom plein de mystère et pouvant donner lieu à de multiples interprétations. Le premier sens que je retiens a été exprimé par un jeune: « le D auquel s'ajoute le Trois donne phonétiquement détroit, un passage, un bras de mer entre deux terres. Les jeunes pour qui existe ce projet ne sont-ils pas justement « entre deux moments de vie »? Immédiatement, un lien surgit dans mon esprit: les religieuses initiatrices de ce projet n'étaient-elles pas, elles aussi, entre deux moments de l'histoire de leur communauté?

Pour un jeune, l'image de trois pierres est aussi symbolique: trois pierres sur lesquelles il pourrait apprendre à sauter pour traverser le détroit que le nom D-Trois-Pierres lui suggère: la connaissance de soi, apprendre à me débrouiller; la vie spirituelle ou la recherche du sens de ma vie; trouver mon axe, ce dans quoi je veux me réaliser.

J'avais peut-être là une piste pour mieux décoder ce mot-mystère!

Le texte de soeur Pierrette Laverdure, l'une des dirigeantes de la communauté de Sainte-Croix, permet de se représenter l'espèce de vacuum dans lequel ces religieuses pouvaient avoir l'impression de se retrouver. Elles avaient fait le choix de céder au secteur public les œuvres où elles avaient exercé leur fonction d'éducatrices et, dès lors, elles auraient pu se contenter de se complaire dans un monde de souvenirs nostalgiques. Or, voilà que, malgré tout, cette dirigeante, à son grand étonnement, se remet à rêver : « *Je me suis surprise à rêver, à rêver beau, à rêver grand, à rêver en couleur. Je rêvais de voir notre domaine de l'Ermitage, à Pierrefonds envahi par une foule de jeunes* ».

En lisant ce passage, je ne pus m'empêcher de penser à la résilience, mise de l'avant par Boris Cyrulnik, définie comme « *La capacité à réussir à vivre et à se développer positivement, de manière socialement acceptable, en dépit du stress ou d'une adversité qui comporte normalement le risque grave d'une issue négative* ».

Il est évident que « les pauvres et les jeunes démunis » avaient besoin de développer une résilience dynamique. Quant aux religieuses, elles se retrouvaient confrontées à une adversité socio-historique qui aurait pu les amener à se refermer sur elles-mêmes dans la contemplation de leur passé au lieu de s'ouvrir davantage aux plus démunis. Or, dès les tout premiers débuts de D-Trois-Pierres, il était clair pour les religieuses que cela signifiait les impliquer dans la vie quotidienne, les aider à prendre des responsabilités dans un projet. La résilience des religieuses prenait appui sur la conviction profonde que « l'être humain est habité de forces insoupçonnées pour se développer, même en présence d'événements déstabilisants, de traumatismes sérieux, de conditions de vie différentes ». Oui, « les rituels socioreligieux vont céder la place à des rituels centrés sur la personne et sa croissance personnelle », mais tout cela ne sera possible que par la présence d'une force originelle, qu'elles appellent intériorité.

CLAIRE HÉBER-SUFFRIN
Co-fondatrice du Mouvement des Réseaux d'Échanges
Réciproques de Savoirs (MRERS)

D-Trois-Pierres a participé – à travers l'implication d'une dizaine de ses acteurs – à un processus initié par l'UNESCO et le Cercle des pédagogies émancipatrices « Pédagogie et transformations sociales ». Il s'agissait, avec des acteurs de différents continents :

- de rassembler et de systématiser des pensées et des pratiques qui se sont tissées autour du pédagogue brésilien Paulo Freire,

- d'établir des dialogues entre les différentes façons de penser et de pratiquer les transformations sociales,

- de promouvoir des pédagogies émancipatrices,

- de retrouver la dimension politique de la pédagogie,

- de favoriser des praxis (en tant que processus d'action et de réflexion des individus sur leur milieu dans l'intention de le transformer) qui correspondent à une conception politique et non humanitaire de l'action collective.

André Vidricaire a, dans un premier séminaire à Recife (Brésil) en 2002, noué le lien en apportant le projet de D-Trois-Pierres et la réalisation collective de son histoire comme objet de réflexion. En novembre 2003, une dizaine d'acteurs de D-Trois-Pierres sont venus participer au séminaire de Paris. Cette participation, évoquée dans l'ouvrage, me semble importante à rappeler pour deux raisons :

- Le projet D-Trois-Pierres est bien fondé par et dans une pédagogie émancipatrice, libératrice. Et la pédagogie n'y est jamais séparée de l'éthique, de l'économique, des valeurs, de la projection (de la prophétie ?).

■ Il s'agit bien d'émancipation, de travail, acharné et tendre, sur la construction de l'autonomie, de l'esprit critique, pour que chacun puisse véritablement se libérer de ses propres liens intérieurs que sont la peur, l'angoisse, la méfiance, l'inertie, la soumission, le besoin de domination, le sentiment d'infériorité ou de supériorité…

La préparation et la présentation collectives de l'histoire de D-Trois-Pierres affirme, mieux que tous les discours, que vous savez que personne n'est plus que les autres habilité à en parler, que chacun a quelque chose à en dire, que tous ceux qui sont concernés peuvent en parler, que la seule « habilitation » qui vaille est coopérative et partagée.

LISE N. LEROUX
Psychologue

J'ai suivi la naissance, l'évolution et la maturation de D-Trois-Pierres, au début par la rencontre de la fondatrice et des premiers jeunes adultes inscrits au programme de réinsertion, puis, au fil des ans, par des échanges ponctuels avec la fondatrice, Rachel Jetté.

À la lecture du livre, je reconnais la description fidèle de l'œuvre en action, en agir. La philosophie qui prévalait au départ est demeurée constante dans l'action, mis à part un bémol sur la spiritualité vécue au quotidien par les jeunes. La constance n'est pas une mince affaire quand les obstacles surgissent dans le quotidien, et plus d'une œuvre s'est terminée ceux qui en avaient établi la philosophie l'ont perdue de vue. Dans le cas de D-Trois–Pierres, la philosophie d'approche réaliste qui inspirait l'œuvre et l'œuvre venait et vient encore aujourd'hui prouver sa pertinence. L'œuvre qui perdure est celle qui passe le test de la réalité.

MICHELINE PIOTTE† ET MARIE-HÉLÈNE CHARTRAND

Maison Mehila

Pour nous, D-Trois-Pierres est un modèle de fécondité basé sur la foi en la vie, sur l'attention aux événements et sur la capacité de tendre la main et de collaborer avec d'autres ressources. La vie y est perçue autant dans sa source intérieure que dans sa manifestation extérieure. Il est beau et bon de lire que l'expérience à D-Trois-Pierres transforme tous ceux qui y participent de près et de moins près et les invite à aller au bout de leurs possibilités. Le service auprès et avec les petits de ce monde est une porte vers l'avenir.

CARLOS MILANI

Université Fédérale de Bahia

Après avoir eu l'opportunité de rencontrer, lors de séminaires organisés par l'UNESCO à Recife et à Paris, les amis de cette belle initiative qu'est D-Trois-Pierres, et de venir au Québec en 2004 et de connaître ainsi personnellement le travail qu'ils mettent en oeuvre, il est possible d'affirmer que deux interrogations sont actuellement au cœur des réalités vécues par des associations, des coopératives, des entreprises d'insertion sociale, des acteurs de l'économie solidaire, des jeunes engagés du Québec et du Brésil. Ces deux questions portent, respectivement, sur la nature de l'économie dans laquelle nous vivons et sur les partenariats nécessaires en faveur de l'apprentissage et l'insertion des jeunes.

Une nouvelle approche de l'économique s'impose qui se fonde sur la pluridimensionnalité de l'agir économique. La clef de voûte de cet acte économique, reprenant les termes de Passet, serait dans l'ouverture du raisonnement économique à l'écologie et dans sa soumission au crible de la réflexion éthique. L'éthique de l'homme et de la femme, dans une approche profondément humaniste, passerait ainsi avant l'éthique du marché. C'était bien ce choix éthique de nos amis de D-Trois-Pierres qui a orienté leur action en faveur d'une forme alternative d'économie, dont les résultats, qu'il faut applaudir, produisent des effets positifs pour l'insertion socioprofessionnelle des jeunes.

L'apprentissage des jeunes adultes, pour être effectif, doit partir d'une critique nécessaire de l'éducation traditionnelle. L'apprentissage doit chercher à traiter l'homme et la femme comme sujets, capables de transcender et de recréer le monde. Dans ce système d'apprentissage, les professeurs sont d'un nouveau type : les « animateurs culturels » ne sont plus des transmetteurs de savoir, des experts, mais des individus qui, en interrelation avec les apprentis, apprennent eux aussi.

Repenser l'éducation pour refaire l'économie, rompre avec la logique aidant-aidé pour construire la notion de l'entraide, voilà des phrases clés qui marquent l'action de D-Trois-Pierres au Québec. Or, cette action ne se fait pas en solitaire, mais en partenariat solidaire avec plusieurs autres organisations et individus. D-Trois-Pierres est l'illustration d'une tentative de construction des articulations de différents acteurs.

FRANCE MARTIN

Psychologue

À la lecture de cette histoire collective, il appert que D-Trois-Pierres est plus qu'une entreprise d'insertion sociale : c'est une entreprise où différentes collectivités s'insèrent et s'intègrent, où l'un finit toujours par être redevable à l'autre, dans une complémentarité mutuelle.

À D-Trois-Pierres, ces collectivités sont représentées par des acteurs aussi différents que les Sœurs de Sainte-Croix, des chercheurs et intervenants sociaux et communautaires, des partenaires financiers, des administrateurs, des formateurs techniques ainsi que des usagers au sens large du terme.

Comme l'a démontré ce document, l'insertion d'une collectivité dans l'histoire de D-Trois-Pierres ne s'est jamais faite au hasard. Bien que le but visé n'a pas toujours été défini au départ, le chemin se traçait avec toujours plus de précision avec le temps. C'est ainsi que le projet issu de l'initiative principale d'un des acteurs principaux s'est développé au fil des ans, pour inclure d'autres partenaires et ainsi rejoindre plus de jeunes, avec plus de moyens et en offrant un éventail plus varié de possibilités.

Ce qui ressort aussi à la lecture de l'histoire de D-Trois-Pierres, c'est qu'au-delà des faits, il y a les gens. Qu'il s'agisse d'intervenants, de formateurs techniques, d'administrateurs ou de jeunes en formation, ce qui les unit, c'est leur engagement envers la mission de D-Trois-Pierres. En effet, après 20 ans d'existence, on peut dire que l'organisation a atteint une certaine maturité. Pour cela, il a fallu faire preuve de persévérance et de rigueur dans le développement des pratiques et des programmes, mais sans occulter l'importance accordée à l'humain.

Cette façon de penser transparaît dans le dernier chapitre, où on présente la méthode de recherche utilisée dans la démarche d'écriture collective : on y explique plus le « pourquoi » que le « comment ». On démontre ainsi que l'emphase est mise sur les gens, mais en conservant le souci d'une rigueur clinique et scientifique, d'une éthique professionnelle et d'une viabilité économique au service de la mission de D-Trois-Pierres.

GASTON PINEAU

Université de Tours

Les acteurs-auteurs de D-Trois-Pierres nous offrent un super-don, un don de création, de dynamique créative en actions, interactions, transactions, rétroactions : « *Quand les agirs parlent plus fort que les dires* » !

Ils sont doués. Mais leur titre est à peine juste. Si ce titre n'existait pas, nous n'entendrions pas ces agirs, aussi forts soient-ils. Ces agirs ne seraient audibles et compréhensibles qu'à leurs acteurs, et encore, à demi-mot. En connaissance semi-consciente, implicite, insue, tellement incorporée dans leurs corps et leurs cœurs qu'elle resterait à demi cachée, d'eux et des autres. Enfouie. Seulement pressentie. Puissances et limites de l'école de l'expérience qui initie la connaissance, mais la laisse au mieux en route, en plan, sinon la perd tant qu'elle ne s'exprime pas. Expression d'autant plus difficile que l'expérience est forte, originale, aux limites du connu. Le passage alors est étroit, la gorge nouée, les dire bloqués. C'est pourquoi tant d'agirs forts ne parlent pas, ne communiquent pas, tuent l'expression.

Les acteurs de D-Trois-Pierres ont réussi à débloquer le passage de l'expression. À trouver les mots de leurs dires. En les arrachant un à un à leur faire, à eux-mêmes, comme autant de leviers de réflexion de dépliement, d'interprétation, d'exposition, d'échange, de communication. Ils ont produit leur vocabulaire. Et ensuite, en commun, en dialogue, en interlocution, ils ont appris à se mettre en sens en conjuguant les faire, en se conjuguant, à tous les modes, les voix, les temps et les personnes du singulier et du pluriel. Ils ont explicité et construit leur mode de faire, réalisé leur nom.

Ils ont réussi ensemble la triple mise autonomisante de l'alternance entre les agirs et les dires, l'expérience et l'expression : mise en scène de la raison sensible, mise en dialogue de la raison expérientielle, mise en perspective de la raison formelle. Interloquant. Fabuleux. Et en plus ils nous montrent comment faire.

C'est vraiment, comme ils l'annoncent, une histoire de formation d'une collectivité et de personnes, une histoire de création anthropo-formative.

Un véritable présent pour construire un avenir alternatif entre une individualisation narcissique et une socialisation massifiante aliénante. D-Trois-Pierre met en œuvre pragmatiquement, formellement et méthodologiquement l'agir créateur d'une triangulation performante. C'est un don numineux, rayonnant la force invisible, unifiante et transformante des liens entre le soi, les autres et les choses. Une véritable pierre de fondation.

DENIS PRESCOTT, C.S.C.

Les pages qu'on vient de lire ont relié ensemble des souvenirs et des documents témoins. La matérialité de bien des événements vient confirmer la réalisation d'une vision qui demeurera toujours dans le champ de vision des relectures.

Le plus important de la vie d'une œuvre comme D-Trois-Pierres, ne m'apparaît pas résider dans une clarté cristalline des faits et des événements qui l'ont constituée. Une telle transparence pourrait-elle d'ailleurs exister, quand on connaît l'art de la mémoire dans le choix de ses thèmes antérieurs ? J'opterais, dans ce cas-ci, pour octroyer le plus grand degré d'importance au chassé-croisé des « mémoires affectives » de D-Trois-Pierres. Cela n'enlèvera rien aux chiffres des bilans financiers et aux démarches obligatoires de la politique dans une participation citoyenne aux enjeux de société. Par ailleurs, cela peut remettre en valeur l'importance de la philosophie dans une société qui en a bien besoin.

En effet, comment peut-on croire à l'intégration sociale de personnes dotées d'une pensée critique sur l'organisation civique, sans connaître à fond sa propre vision de la vie en société? Veut-on un système social bien intégré par la chaîne de travail et l'environnement économique, ou une société citoyenne qui intègre tout aux bénéfices de l'épanouissement des personnes citoyennes?

À la lecture de l'histoire de D-Trois-Pierres, on comprend quelle vision de société l'a emporté dans ce cas-ci. J'ai été, pendant une dizaine d'années, un témoin privilégié du déroulement d'une «histoire de cœurs» qui se sont parfois heurtés avec douleur mais qui, la plupart du temps, ont fait jaillir de la terre des fruits jusqu'alors inespérés. Certes, les semences dormaient dans la vision initiale, celle de la mère-terre porteuse biologique, mais quel travail du temps inespéré pour l'enfanter!

Une lecture trop superficielle de cette histoire pourrait classer celle-ci au rayonnage des épopées, car c'est là qu'on retrouve les plus belles histoires de cœur d'un peuple. Et après? N'est-ce pas dans une lecture approfondie de la trame des épopées nationales que l'on retrouve la fibre sociale intégrative des sociétés humaines où les personnes sont le plus solidaires?

UQÀM Service de formation continue

ATTESTATION DE RÉUSSITE

Nous attestons, par la présente, que

Sébastien Major a participé à l'activité de formation **«Des jeunes adultes, co-auteurs d'une histoire d'une entreprise d'insertion »** d'une durée de 110 heures (22 jours x 5 heures) de septembre à juin 2003. Cette session a été animée par monsieur André Vidricaire, professeur retraité du Département de philosophie de l'UQAM.

OBJECTIFS D'APPRENTISSAGE

- Offrir aux jeunes adultes une activité intellectuelle qu'ils réalisent avec d'autres
- Développer en eux un nouveau rapport avec la formation dite « scolaire »
- Offrir à tous une activité d'échanges réciproques de savoirs différents, nécessaires et complémentaires
- Léguer une mémoire

Nous lui octroyons 11 U.E.C. [1] pour avoir satisfait aux exigences de l'activité de formation.

_____
Carole Lamoureux
Vice-rectrice
Vice-rectorat aux études

_____
Josée Dumoulin
Directrice
Service de formation continue

Le 7 avril 2005
Date de l'attestation
_____

[1] L'établissement est membre de la Société de formation et d'éducation continue (SODEFUC) qui définit l'unité d'éducation continue comme suit : «une unité d'éducation continue représente dix heures de participation à une activité structurée de formation, organisée et dirigée par une organisation accréditée, animée par des formateurs compétents et sanctionnée par une évaluation»

Table des matières

ACHEVÉ D'IMPRIMER
SUR LES PRESSES DE K2 IMPRESSIONS
EN SEPTEMBRE 2005